"十三五"国家重点图书出版规划项目

21世纪海上丝绸之路与广东发展研究丛书   主编：张燕生 王义桅

21 Shiji Haishang Sichou Zhilu
Yu Guangdong Lüyou Fazhan

21世纪海上丝绸之路与广东旅游发展

秦 学◎著

中山大学出版社

·广州·

版权所有　翻印必究

图书在版编目（CIP）数据

21世纪海上丝绸之路与广东旅游发展/秦学著. —广州：中山大学出版社，2018.6

（21世纪海上丝绸之路与广东发展研究丛书/张燕生，王义桅主编）

ISBN 978-7-306-06346-5

Ⅰ.①21… Ⅱ.①秦… Ⅲ.①海上运输—丝绸之路—中国—21世纪②地方旅游业—旅游业发展—研究—广东　Ⅳ.①K203 ②F592.765.1

中国版本图书馆CIP数据核字（2018）第098281号

出 版 人：	王天琪
策划编辑：	金继伟
责任编辑：	周　玢
封面设计：	林绵华
责任校对：	王　璞
责任技编：	何雅涛
出版发行：	中山大学出版社
电　　话：	编辑部 020-84110771，84113349，84111997，84110779
	发行部 020-84111998，84111981，84111160
地　　址：	广州市新港西路135号
邮　　编：	510275　　传　真：020-84036565
网　　址：	http://www.zsup.com.cn　E-mail：zdcbs@mail.sysu.edu.cn
审 图 号：	GS（2016）1766号
印 刷 者：	佛山市浩文彩色印刷有限公司
规　　格：	787mm×1092mm　1/16　11.5印张　170千字
版次印次：	2018年6月第1版　2018年6月第1次印刷
定　　价：	48.00元

如发现本书因印装质量影响阅读，请与出版社发行部联系调换

总序一

打开丛书,翻开一本本书稿,醒目的主题指引、鲜活的思想碰撞、深邃的智慧启迪、扑面而来的南国文采,深深吸引、打动和感染了我。"21世纪海上丝绸之路与广东发展研究丛书"是"十三五"国家重点图书出版规划项目、国家出版基金资助项目,包括了《21世纪海上丝绸之路与广州发展》《21世纪海上丝绸之路与广东自由贸易区》《21世纪海上丝绸之路与广东旅游发展》《21世纪海上丝绸之路与广州离岸文化中心》《21世纪海上丝绸之路与广州国际化大都市建设》,涵盖了经济、社会、文化等不同主题。这是一套值得仔细阅读、慢慢品味和深入思考的好丛书,实在令人惊喜。

2018年是我国改革开放40周年。在人类社会的历史长河里,40年可谓弹指一挥间。然而,在中华民族数千年上下求索、连绵不息的文明史中,这40年则有着非同寻常的重大意义。在历史上,中华民族在大多数时期执行的都是开放包容的政策体系,由此创造了人类社会唯一没有中断的灿烂的中华文明。然而,作为历史片段的一段闭关锁国政策,包括内部缺少变革活力和发展动力,最终造成了中华民族近代被动挨打的惨痛经历。习近平指出,人类社会发展的历史告诉我们,开放带来进步,封闭必然落后。中国开放的大门不会关闭,只会越开越大。这是中华民族从近代历史中汲取的惨痛教训,凝练成中国人民永世难忘的集体记忆,成为推动中华儿女前赴后继勇于变革的强大动力。

习近平指出,古代丝绸之路打开了各国友好交往的新窗口,书写了人类发展进步的新篇章,"积淀了以和平合作、开放包容、互学互鉴、互利共赢为核心的丝路精神",这是人类文明的宝贵遗产。今天,我们要乘势而上、顺势而为,推动"一带一路"建设行稳致远,迈向更加美好的未来,将"一带一路"建成和平之路、繁荣之路、开放之路、创新之路、文明之路。①

  历史之问,"古代海上丝路时期,广东海外贸易为什么长盛不衰"?广东是中国2000多年来唯一一个海外贸易长盛不衰的地区。只是在宋元时期,泉州曾经超过广州成为中国最大的海外贸易地区。即便如此,那个时期以广州为核心的广东地区海外贸易也没有衰落。② 这套丛书的作者告诉我们,唐宋时期在广州居住的外国商人和侨民有十几万人,占到广州居民的三成以上。广州在元朝已与众多国家和地区有贸易往来;在明朝成为我国朝贡贸易的第一大港;在清朝成为我国唯一的对外通商口岸,史称"一口通商";在19世纪中叶成为世界十大城市之一,是仅次于北京、伦敦、巴黎的世界性大城市。③

  今日之问,广东作为21世纪海上丝绸之路最主要始发地,未来仍能够引领国家海外贸易乘势而上、顺势而为、高质发展吗?在新时代,广东站在了一个历史的新起点上,开始了现代化的新征程。无论是21世纪海上丝绸之路的建设,还是粤港澳大湾区世界级城市群的打造,推动高质量发展、建设现代化经济体系、解决不平衡不充分发展的矛盾都是新时代的新要求。习近平指出:"高质量发展,就是能够很好满足人民日益增长的美好生活需要的发展,是创新成为第一动力、协调成为内

---

  ① 习近平:《携手推进"一带一路"建设——在"一带一路"国际合作高峰论坛开幕式上的演讲》,载《人民日报》2017年5月15日。
  ② 王先庆:《21世纪海上丝绸之路与广东自由贸易区》,中山大学出版社2018年版。
  ③ 姚宜:《21世纪海上丝绸之路与广州国际化大都市建设》,中山大学出版社2018年版。

生特点、绿色成为普遍形态、开放成为必由之路、共享成为根本目的的发展。"

21世纪海上丝绸之路的相关经济体大多数是发展中国家。一方面，这里的制度风险、政治风险、经济风险、市场风险和经营风险在世界上是显著高发地区。越是风险越向前，是广东人的开放天性和独到本领。广东是我国第一侨乡，海外侨胞占全国的2/3，其中，在海上丝绸之路沿线东南亚国家的华侨占广东海外华侨人数的60%以上，因此，广东具有其他地区无可比拟的侨商优势。[①] 只要将广东人的特色与21世纪海上丝绸之路当地人的优势合作，加上与在海上丝绸之路相关地区有百年以上商业存在的欧洲、北美、东北亚的企业、金融机构和社会组织开展全方位国际合作，就能够取得双赢、多赢的结果。另一方面，21世纪海上丝绸之路相关经济体有着强烈的发展需要。广东可以聚焦于21世纪海上丝绸之路上的重点国家、重点地区、重点领域，开展双边、诸边、多边合作，尤其是推动第三方合作；基于共同合作意愿，推动交通、能源、电力、信息、通信基础设施建设、农业、先进制造业、服务业等领域的优势互补、互作互动、互利共赢的合作；通过构建21世纪海上丝绸之路建设的"项目群、产业链、经济区"等多种形式，打造利益共同体；通过最大限度发挥广东软实力优势，推动与21世纪海上丝绸之路相关经济体之间的人文交流、离岸文化、旅游休闲、社会民生、绿色发展等领域的合作。

21世纪海上丝绸之路建设的定位是"今后相当长时期对外开放和对外合作的管总规划"，"本质上是通过提高有效供给来催生新需求，实现世界经济再平衡"。广东在推动21世纪海上丝绸之路全方位国际合作方面有着独特优势和社会责任。我们期待，这套丛书能够从全球经济、社

---

① 秦学：《21世纪海上丝绸之路与广东旅游发展》，中山大学出版社2018年版。

会、人文等视野的角度，推动社会各界关心、关注、关怀21世纪海上丝绸之路建设的方方面面，最大限度满足人民日益增长的美好生活需要，推动高质量发展，建设现代化的经济体系。同时，祝愿广东人民、全国人民、"一带一路"沿线各国人民乃至全世界人民在合作中生活得更加美好。

（张燕生，国家发展和改革委员会学术委员会委员，研究员、博士研究生导师，中国国际经济交流中心首席研究员）

总序二

"一带一路"建设是我国未来一段时期最重要的发展战略之一,对于世界有着深远的影响。围绕如何推进"一带一路"建设,很多专家学者高屋建瓴,从国家层面提出了合理化建议。各省份也在积极探讨如何融入和对接"一带一路",以期准确抓住经济社会发展新的战略机遇。在"21世纪海上丝绸之路"建设中,广东省无疑具有举足轻重、不可替代的作用。系统地研究"21世纪海上丝绸之路与广东发展",对作为我国改革开放前沿地、"海上丝绸之路"起点之一的广东省的未来发展具有极其重要的指导作用,对我国推进"一带一路"建设也将起到应有的促进作用。"21世纪海上丝绸之路与广东发展研究丛书"就是在这种背景下的及时之作。

广东作为改革开放的前沿地,在过去的40年里取得了辉煌的成就,为全国提供了重要的经验借鉴,也正在为"一带一路"沿线国家提供经济发展的样本。在建设"一带一路"的新历史时期,积极参与到国家的战略建设中,既是广东的机遇,也是广东的责任。广东地区的一批专家学者围绕国家的战略方向,结合广东地区发展的实际,从经济、文化、城市发展等角度,深入探讨"一带一路"建设带来的历史机遇,分析广东具有的优势,提出了一系列新观点、新思路和富有建设性的对策建议,在此基础上,汇集成为"21世纪海上丝绸之路与广东发展研究丛书",既有深远的学术价值,也有深刻的现实意义。

这套丛书的最大优点是把握住了国家战略与地方发展的互动。在我国当前的体制下,国家战略导向是地方发展的重要机遇,这也是各地已有许多研究成果的出发点。同时,地方在贯彻落实国家战略的过程中,形成各具特色的地方"走出去"模式，成为推进国家战略的有力支撑。广东由于其特殊地理位置和历史传统，在"一带一路"建设中，尤其是在21世纪海上丝绸之路的建设中，再次发挥着引领作用，甚至可以说在一定程度上影响着国家战略的实施效果。这套丛书对这种互动关系进行了深入阐发，具有较高的学术价值和指导意义。

作为"专题式系统研究之学术著作"，这套丛书及时填补了"'一带一路'与区域发展"研究领域之空白，具有较高的史料价值。

这套丛书的鲜明特色是把握住了广东地方发展的实际与推进"一带一路"建设的优势。从国家层面来看，"一带一路"建设必须综合协调有序推进，但是从地方实践出发，必须扬长避短并形成区域优势。这套丛书的研究内容与广东地方实际结合得非常紧密，这也是广东最能发挥特长并在全国范围内形成示范的领域。相信这套丛书的出版，能助推广东再次成为改革开放的先锋，为全国各地贯彻落实"一带一路"倡议提供借鉴。

（王义桅，中国人民大学国际关系学院外交学教授、博士研究生导师，国际关系学博士）

海上丝绸之路是一条中西方贸易往来之路、文化交流之路，也是一条旅游体验之路，商贸、文化和旅游三者高度融为一体。建设21世纪海上丝绸之路，旅游和文化实乃重中之重、战略首选。发挥广东"21世纪海上丝绸之路"的"桥头堡"作用，引领中国旅游和中国文化"走出去"、建设旅游强省和文化强国、实现中国梦和中华民族伟大复兴，无疑是关键和极为重要的选择。本书深入历史、立足当代、着眼未来，分析了"一带一路"和"21世纪海上丝绸之路"倡议提出的背景及广东的机遇，分析了"海丝"的旅游资源和产品体系、旅游地域空间组织及广东旅游发展的优势和机遇，系统研究"21世纪海上丝绸之路"上广东旅游发展的战略及对外合作的内容、模式和机制，为我国"粤港澳大湾区"开发和"一带一路"倡议的推进提供借鉴。

本书是首部研究21世纪海上丝绸之路与广东旅游发展的专著，可供区域规划、旅游发展、经济贸易、文化等部门关注"粤港澳大湾区"和"一带一路"建设的专业人士参考，也可供高校、研究机构的师生阅读。

第一章 导论 / 1

第一节 "一带一路"倡议的时代背景 ……………………… 3
第二节 "21世纪海上丝绸之路"的内涵及构想 …………… 5
第三节 广东——21世纪海上丝绸之路的前沿 …………… 7
第四节 文化与旅游——21世纪海上丝绸之路的先行者 …… 11

第二章 21世纪海上丝绸之路的旅游资源与产品 / 17

第一节 观光旅游资源与产品 ……………………………… 19
第二节 度假旅游资源与产品 ……………………………… 26
第三节 文化旅游资源与产品 ……………………………… 30
第四节 商务旅游资源与产品 ……………………………… 34
第五节 宗教旅游资源与产品 ……………………………… 35

第三章 21世纪海上丝绸之路的旅游地域空间组织 / 39

第一节 主要旅游区域 ……………………………………… 41
第二节 主要旅游城市 ……………………………………… 55
第三节 主要旅游线路 ……………………………………… 60

第四章 21世纪海上丝绸之路广东旅游发展战略 / 69

第一节 广东旅游发展战略机遇 …………………………… 71
第二节 广东旅游发展战略目标 …………………………… 76
第三节 广东旅游发展战略重点 …………………………… 81

　　第四节　广东旅游发展战略对策 …………………………………… 87

第五章　21世纪海上丝绸之路广东对外旅游合作的内容与模式 / 93
　　第一节　区域旅游合作的一般原理与模式 …………………………… 95
　　第二节　广东对外旅游合作的内容 …………………………………… 98
　　第三节　广东对外旅游合作的模式 …………………………………… 105

第六章　21世纪海上丝绸之路广东对外旅游合作的机制 / 117
　　第一节　广东对外旅游合作的动力机制 ……………………………… 119
　　第二节　广东对外旅游合作的内在机理——基于粤港澳的
　　　　　　分析 ………………………………………………………… 127
　　第三节　广东对外旅游合作的行动机制 ……………………………… 131

第七章　21世纪海上丝绸之路广东旅游重点领域行动策略 / 135
　　第一节　广东海洋旅游发展政策与策略 ……………………………… 137
　　第二节　广东文化旅游发展对策与措施 ……………………………… 144
　　第三节　广东城市旅游发展策略与举措 ……………………………… 152
　　第四节　广东乡村旅游发展战略与措施 ……………………………… 159

参考文献 / 165

后　记 / 169

第一章

导 论

千百年来,"和平合作、开放包容、互学互鉴、互利共赢"的丝绸之路精神薪火相传,推进了人类文明进步,是促进沿线各国繁荣发展的重要纽带,是东西方交流合作的象征,是世界各国共有的历史文化遗产。在21世纪,人类进入了以和平、发展、合作、共赢为主题的新时代,建设人类命运共同体成为世界各国的美好愿望,面对复苏乏力的全球经济形势,纷繁复杂的国际和地区局面,传承和弘扬丝绸之路精神更显重要和珍贵。党的十八大以后,中国国家主席习近平提出了"一带一路"和"21世纪海上丝绸之路"的倡议,得到了"一带一路"沿线国家和地区的积极响应。中国重溯文明古国曾经辉煌的历史轨迹,再次担当新时代东方大国应有的历史使命,不仅为世界和平与发展注入了新的希望,更为中国的开放与发展提出了新战略和新起点。

作为"海上丝绸之路"起点之一的广东省,与世界各国保持着千百年的友好往来,历史上为中华民族与世界各民族的交往、中华文化与世界文化的交流做出过重大贡献。在推进"一带一路"和"21世纪海上丝绸之路"倡议的行动中,广东不仅具有优越的地理位置和得天独厚的自然条件,而且有着深厚的文化遗产与历史基础。千百年的"海上丝绸之路",是一条商贸之路、文化之路、旅游之路、政治之路,旅游交往、文化交流托起了商贸往来、承载了政治互动,贯穿中外,联结东西南北,源远流长。"21世纪海上丝绸之路",文化和旅游将更显地位,重放光彩。广东,应抓住新的历史机遇,站在"21世纪海上丝绸之路"的前沿,旅游搭台、文化先行、经贸政治统领,重塑辉煌,带领中国走向更广阔的世界舞台,为新时代中国特色社会主义建设开辟新的航程。

第一章 导 论

第一节 "一带一路"倡议的时代背景

中国改革开放以来,已深度融入世界经济全球化体系中,但进入21世纪,世界发生了复杂深刻的变化,贸易保护主义和逆全球化现象也时有发生,为世界经济地理格局的进一步优化带来了不利影响。中国作为发展中大国,在世界经济政治体系中占据着重要位置,随着世界第二大经济体的崛起,国际社会和国内发展需要中国在世界舞台上有更多的担当。在此背景下,中国政府适时提出了"一带一路"的倡议。2013年9月7日,中国国家主席习近平在出访中亚国家期间,首次提出共同建设"丝绸之路经济带",同年10月,他又提出共同建设21世纪"海上丝绸之路",二者共同构成了"一带一路"重大倡议。2013年11月,党的十八届三中全会通过的《中共中央关于全面深化改革若干重大问题的决定》明确要求,"加快同周边国家和区域基础设施互联互通建设,推进丝绸之路经济带、海上丝绸之路建设,形成全方位开放新格局"。加快"一带一路"建设,有利于促进沿线各国经济繁荣与区域经济合作,加强不同文明的交流互鉴,促进世界和平发展,是一项造福世界各国人民的伟大事业。

为推动"一带一路"倡议,国家有关部门积极行动起来,2015年,国家发展和改革委员会、外交部、商务部发布了《推动共建丝绸之路经济带和21世纪海上丝绸之路的愿景与行动》(以下简称《愿景与行动》),阐述了新时代振兴"丝绸之路"的历史渊源。《愿景与行动》指出:"2000多年前,亚欧大陆上勤劳勇敢的人民,探索出多条连接亚欧非几大文明的贸易和人文交流通路,后人将其统称为'丝绸之路'。千百年来,'和平合作、开放包容、互学互鉴、互利共赢'的丝绸之路精神薪火相传,推进了人类文明进步,是促进沿线各国繁荣发展的重要纽带,是东西方交流合作的象征,是世界各国共有的历史文化遗产。"

进入 21 世纪,在以和平、发展、合作、共赢为主题的新时代,面对复苏乏力的全球经济形势,纷繁复杂的国际和地区局面,传承和弘扬丝绸之路精神就更显得重要和珍贵。共建"一带一路"顺应世界多极化、经济全球化、文化多样化、社会信息化的潮流,秉持开放的区域合作精神,致力于维护全球自由贸易体系和开放型世界经济。共建"一带一路"旨在促进经济要素有序自由流动、资源高效配置和市场深度融合,推动沿线各国实现经济政策协调,开展更大范围、更高水平、更深层次的区域合作,共同打造开放、包容、均衡、普惠的区域经济合作架构。共建"一带一路"致力于亚欧非大陆及附近海洋的互联互通,建立和加强沿线各国互联互通的伙伴关系,构建全方位、多层次、复合型的互联互通网络,实现沿线各国多元、自主、平衡、可持续的发展。"一带一路"的互联互通项目将推动沿线各国发展要素的对接与耦合,发掘区域内市场的潜力,促进投资和消费,创造需求和就业,增进沿线各国人民的人文交流与文明互鉴,让各国人民相逢相知、互信互敬,共享和谐、安宁、富裕的生活。

我国改革开放特别是实施西部大开发以来,西部地区积极实施赶超战略,发展步伐明显加快,但受地理区位、资源禀赋、发展基础等因素影响,与东部地区相比仍有很大差距。而"一带一路"将构筑新一轮对外开放的"一体两翼",在提升向东开放水平的同时,加快向西开放步伐,助推内陆沿边地区由对外开放的边缘迈向前沿。"一带一路"建设,有助于西部地区统筹利用国际国内两个市场、两种资源,形成横贯东中西、联结南北方的对外经济走廊,进一步释放开发开放和创新创造活力。

共建"一带一路"是中国的倡议,也是中国与沿线国家的共同愿望。"一带一路"建设是开放的、包容的,中国愿与沿线国家一道,在既有双多边和区域次区域合作机制框架下,通过合作研究、论坛展会、人员培训、交流访问等多种形式,促进沿线国家对共建"一带一路"内涵、目标、任务等方面的进一步理解和认同。"一带一路"是一条互尊互信之路,一条合作共赢之路,一条文明互鉴之路。只要沿线各国和衷共济、相向而行,就一定能够谱写建设丝绸之路经济带和 21 世纪海上丝绸之路的新篇章,让沿线各国人民共享"一带一路"共建成果。① 今天,"一带一路"已得到100多个国家和国际组织的积极响应,40多个国家和国际组织同中国签署了合作协议,加强互联互通、产业合作、金融支持。2016年1月16日,由中国牵头成立、57国为创始成员国的亚洲基础设施投资银行(以下简称"亚投行")在北京开业。5个多月后,亚投行批准了首批四个项目总计5.09亿美元的贷款。今天,亚投行成员已达70个;中国于2014年年底出资400亿美元成立的丝路基金,业已展开项目投资,为重点项目输入"金融活水"。一场更大范围、更高水平、更深层次的大开放、大交流、大融合即将到来;一条互尊互信之路、合作共赢之路、文明互鉴之路,召唤我们和衷共济、相向而行。

第二节 "21世纪海上丝绸之路"的内涵及构想

中国是亚太地区海陆兼备的东亚大国,背靠亚欧大陆,面向太平洋,陆上丝绸之路与海上丝绸之路是自古至今中国联系世界的两条大通道。21世纪是海洋的世纪,在提出"一带一路"倡议后,2013年10月,习近平总书记出访东盟国家时又提出建设"21世纪海上丝绸之路"的倡议,得到了各国的积极响应。"21世纪海上丝绸之路"上升为中国的国家目标,这是确定我国全球发展定位,实现从区域大国向新型全球大国迈进的长远谋划;是我国实践海洋强国,面向海洋拓展合作空间,建设陆海复合型强国目标的尝试;是我国统筹双多边各层次区域经济合作,更好地实施"走出去"目标,推动与相关国家携手建设利益共同体和命运共同体的重要实践。

---

① 国家发展和改革委员会、外交部、商务部:《推动共建丝绸之路经济带和21世纪海上丝绸之路的愿景与行动》,2015年3月28日发布。

"21世纪海上丝绸之路"的构想源于古代海上丝绸之路。学术界一般认为，历代海上丝绸之路可分三大航线：一是东洋航线，即由中国沿海港口通向朝鲜、韩国和日本的航线；二是南洋航线，即由中国沿海港口至东南亚诸国的航线；三是西洋航线，即由中国沿海港口至南亚、西亚和东非沿海及至美洲诸国的航线。中国政府提出的"21世纪海上丝绸之路"显然并不局限于古代海上丝绸之路所覆盖的范围，而是规模更为宏大。在21世纪海上丝绸之路计划刚刚提出时，有学者认为主要是为了加强与东南亚国家的合作。继而又有学者认为，21世纪海上丝绸之路可以远溯到非洲的莫桑比克，对中国与南亚、西亚交流起着重要作用。基于古代海上丝绸之路的航线和新时期的现实需要，"21世纪海上丝绸之路"可规划西线、东线和北线三个方向：西线由中国东南部沿海出发，过南海、经印度洋联系亚欧非；东线经东海连接南太平洋岛国至拉丁美洲、北美；北线则是联系日韩、利用北冰洋航线、加强东北亚合作的重要航道。其中的西线与横贯欧亚的"丝绸之路经济带""孟中印缅经济走廊"和"中巴经济走廊"连为一体，起到东西向连接东亚和南亚、中东，以及太平洋和印度洋，南北贯通中国西南内陆及中亚与印度洋的作用，具有重要的地缘政治和地缘经济意义。

21世纪海上丝绸之路作为"一带一路"的两翼之一，依托东南沿海、着眼东南亚、放眼亚太和非欧，是我国适应全球化趋势，再次融入世界潮流，与世界握手的蓝色宏图。21世纪海上丝绸之路是借用和平友好、通向繁荣的历史符号，以现代化海上大通道为基础，以构建我国为龙头的区域产业分工新体系为目标，与沿线国家共同打造的政治互信、经济融合、文化包容的合作发展带。

对于"21世纪海上丝绸之路"的建设，目前中国政府的基本设想是，坚持以"平等合作、互利共赢、开放包容、和谐和睦"为基本原则的新型价值观、合作观、发展观。发展愿景是按照习近平主席提出的"以点（城市和港口）带面，从线到片，逐步形成区域大合作"的构想，充分发挥比较优势，平行推进沿线国家和地区基础设施互联互通、产业金融合作和机制平台建设，加快实施自由贸易区战略，加深沿线区域经贸合作，加强安全领域交流与合作，筹建亚洲基础设施投资银行，加强基础文化建设，优先发展海上互联互通，加强在港口航运、海洋能源、经济贸易、科技创新、生态环境、人文交流等领域的深度合作。紧紧围绕"五通"，即政策沟通、道路联通、贸易畅通、货币流通和民心相通，找准与沿线国家海洋合作的利益契合点，统筹规划、长远布局、分步实施。最终建立起一个从东亚太平洋地区连接中亚、南亚、中东、非洲、欧洲，直至美洲的全球交通运输网络和经济贸易金融合作体系。

第三节 广东——21世纪海上丝绸之路的前沿

一、广东——海上丝绸之路始发地

广东背靠南海，是我国海上丝绸之路最早的发祥地之一，在古代海上丝绸之路发展史上具有重要地位。具体来说，广东在古代丝绸之路的地位经历了以下五个阶段的变化。

1. 形成于秦汉

秦汉时期，开辟的东西方通向印度的航线，标志着丝绸之路的贯通。当时番禺（今广州）作为南越国的国都，是岭南的中心城市，凭借靠海和便利的海港条件，依丝绸之路的贯通，使其对外贸易兴隆，成为当时南海地区的贸易中心和交通枢纽。这一时期，除了番禺外，古代历史典籍有记载的著名商业城市还有徐闻、合浦等。

2. 发展于魏晋

秦汉到魏晋时期，航海技术的不断发展及航海知识的不断提高，奠定了海上丝绸之路进一步发展的基础。这一时期，从广东到东南亚各国的商船开辟了从广州启航，穿越海南东部海域进入南海的深海航线，而不需要像秦汉时期沿着海岸近海航行，这标志着广州成为海上丝绸之路的起点，这是海上丝绸之路发展史上的重大进步。

3. 繁荣于隋唐

唐朝国力强盛，思想兼容并包，海外经济文化交流频繁，并在对外贸易中形成了一套完善的对外贸易制度体系。这些都是海上丝绸之路拓展和畅通的有利条件。值得一提的是，在唐朝以广州为起点的"通海夷道"历经南海、印度洋直至东非海岸，开辟了中世纪最长的远洋航道，在广州航海史上留下了浓墨重彩的一笔。另外，唐朝在广州设立市舶使（一般由岭南帅臣兼任）主管南海贸易，创新了对外贸易制度，直到清朝被推翻前一直发挥着积极作用。

4. 鼎盛于宋元

宋元时期指南针应用于航海，造船技术和航海技术取得持续进步，对外贸易胜于前代，海上丝绸之路的发展进入了鼎盛阶段。元丰三年（1080年）八月，以程师孟方案为蓝本经过多次修订的外贸管理条例获准颁行，史称"元丰广州市舶条法"，这表示中国对外贸易体系不断呈现出制度化管理的特点。

5. 转折于明清

明朝初期，郑和七下西洋的壮举在加强与周边国家的经济文化联系的同时，也有益于海上丝绸之路的发展，中后期的明政府海禁政策又确实打断了这一富有进取性的不经意的开拓尝试。对于一脉相承明朝海禁政策的清朝而言，"一口通商"改写了清朝贸易发展史的走向。所谓的"一口通商"后来衍生出了一个著名的史学名词，即"十三行"。从1757年起，中国对外贸易收缩到仅剩广州一个窗口，而广州对外贸易又被"十三行"这些商行垄断，这种状况一直持续到鸦片战争五口通商为止。

二、广东——21世纪海上丝绸之路的前沿

对于作为古代海上丝绸之路重地与当代中国对外改革开放前沿门户的

广东而言，积极参与21世纪海上丝绸之路建设，深化改革开放，续写"海丝"辉煌，是其义不容辞的历史使命和无可替代的担当。具体来说，广东在参与共建21世纪海上丝绸之路中具有以下五个优势。

1. **得天独厚的地理区位**

广东背靠大陆经济腹地，近接港澳，面向东南亚，位于亚太经济的核心位置。广东处于太平洋、印度洋、大西洋航运的枢纽位置，拥有通往东南亚、中亚、中东、非洲等国家的便捷航线；广东拥有全球通货能力最大，水深条件最好的区域性港口群（由深圳盐田港、广州南沙港、湛江港、珠海高栏港和东莞虎门港组成）；广东省拥有以中国三大枢纽机场之一的白云国际机场为中心的航空港，是连接世界各地的国际航空枢纽。便捷的海运和空运交通为广东与这些国家的经贸往来和人员交流提供了保障。

2. **独步全国的经济规模**

广东省经济总量连续24年居全国首位，海洋经济总量连续19年全国第一。2016年，广东GDP（国内生产总值）为7.95万亿元人民币，占全国的10.7%，经济总量连续28年居全国首位，人均GDP达72787元，是全国平均水平的1.3倍。2016年，外贸进出口总值达6.3万亿元，其中，出口3.94万亿元，进口2.35万亿元。广东省资本雄厚，各项基础设施较完善，外向经济辐射能力强。广东作为领先全国的工业大省，已形成以电子信息、电气机械、汽车、石化、轻纺、家电家具等为主和各具特色、优势明显的产业为辅的发展格局。当前，广东省正在实施的"腾笼换鸟"产业转型升级也恰好与丝绸之路沿线部分国家的产业实现互补，为广东省产业转型升级提供了市场和空间。

3. **联系密切的商贸往来**

广东地处南海之滨，凭海而立，因海而生，自古以来，广东都在连接中国与外国贸易、文化往来中起到了不可替代的作用。广州港是中国最早对外的通商口岸，从五代到北宋，其贸易额占全国98%以上，广州十三行更成为古代海上丝绸之路繁荣发展的历史巅峰。广东也是最早受到西方工业文明影响的地区之一，开启了中国近现代工业文明的大门。20 世纪 80 年代末，我国实施改革开放之后，借着"中国第一展"（中国进出口商品交易会）每年吸引了大量的中外企业和商家前来参展、交流、合作，成为我国对外商贸的最重要平台。广东是我国大西南的重要出海口、海洋运输的重要枢纽，有通达东北印度洋、南亚次大陆国家的最短航路，有到达印度洋西岸、非洲国家的最近距离，有到达西亚和欧洲、实现海上丝绸之路与陆上丝绸之路的海上对接的最便捷通道。截至 2013 年，广东已成为国内与东盟经贸合作规模最大的省份，占内地与东盟进出口总量的 23%。2015 年、2016 年广东举办了两届"广东 21 世纪海上丝绸之路国际博览会"（以下简称"海丝博览会"），广东与"海丝"沿线国家达成合作项目超过 2000 亿元人民币，取得了丰硕的成果。

4. 遍布海外的华侨血脉

广东是我国第一侨乡，海外侨胞占全国的 2/3，其中在丝绸之路沿线东南亚国家的华侨占广东华侨人数的 60% 以上，具有其他地区无可比拟的侨商优势。海内外粤商间的文化统一性、价值认同感和民族向心力，为广东省建设海上丝绸之路提供了精神动力。其中，有 60% 以上的粤籍华人华侨生活在东南亚各国，在泰国、马来西亚、印度尼西亚、菲律宾和新加坡，粤籍华侨分别占华侨总数的 79%、57%、49%、12% 和 45%。广东省经济社会的发展得益于海外华侨华人的巨大贡献。改革开放以来，海外侨胞和港澳同胞在广东省的直接投资累计超过万亿元。随着改革开放不断深入，海外华侨与广东的经济社会联系更加密切，已成为我国与华侨所在国经贸合作和文明交流的桥梁，成为提升中国软实力的重要途径。

5. 一脉相通的岭南文化

广东从古代作为最早海上丝绸之路的发源地、交通枢纽到现代改革开放的前沿地带，一直与东南亚联系密切。在历史上，大量广东人赴南洋谋生，不少人选择了在东南亚等国定居，经过长期发展，大量的粤籍华侨华人与东南亚各国在经济文化等方面相互融合，使岭南文化在海上丝绸之路沿线各国得到传播发展，为广东与东南亚国家架起了沟通的桥梁，为双边和多边商贸带来了特殊的人文资源和精神动力。珠江三角洲经济圈是中国最发达的经济区域之一，是三大增长极之一，粤港澳大湾区是世界第四大湾区。在转型阶段，"21世纪海上丝绸之路"倡议将对"一家亲"的粤港澳地区产业升级产生巨大的促进和提升。同时，广东也是华侨大省，与沿线国家和地区人文纽带长期不断，这个优势将很好地促进广东与21世纪海上丝绸之路倡议的良好结合。

第四节 文化与旅游——21世纪海上丝绸之路的先行者

海上丝绸之路的历史源远流长，据有关记载，早在公元前140年，就有中国海船带了大批黄金和丝织品，途经今越南、泰国、马来西亚、缅甸，远航到黄支国（今印度康契普拉姆）去换取沿途国家的特产，然后从斯里兰卡返航，中国丝绸就此传入世界其他国家。2000多年来，中外先民共同开辟了海上丝绸之路，使之成为古代东西方贸易往来和文化传播的主要通道，亦成为一条人类开疆拓土、探索异国风情与异域文化的旅行游览之路。这是一条物产之路、商业之路、文化之路、旅游之路、安全之路、宗教之路、发展之路。中华（儒家）文化、伊斯兰文化、希腊文化、罗马文化、印度文化都汇聚在丝绸之路上。21世纪海上丝绸之路，不仅是贸易经济、金融投资、商品市场、政治法律合作之路，也是文化交流、旅游观光之路。文化和旅游，是21世纪海上丝绸之路的先行者。

一、文化交流——21世纪海上丝绸之路的和平使者

古"海丝"的经贸之路上文化交流与商贸交流并进，而且相辅相成，21世纪"海丝"亦然。"21世纪海上丝绸之路"以中国为起点，连通东

盟、南亚、西亚、北非、欧洲、大洋洲和北美洲等国家和地区，构筑起面向南海、太平洋和印度洋的跨区域、跨洲的经贸合作圈。这个经贸合作圈中并存着中华文化、印度文化、波斯文化、地中海文化等，是世界上多元文化的重要聚集带。在全球化的今天，21世纪海上丝绸之路更是一条文化交流之路，在这条中外文化、东西方文化、亚非欧美文化的交流之路上，包含着丰富多彩的民族民俗文化、商业文化、政治文化、宗教文化、城市文化、海洋文化、陆地文化、乡村文化。不同文化在碰撞、交流中互相学习、借鉴，促进本土文化繁荣、发展，促进经济社会发展，造福于民族和苍生。

自古以来，中外人民共同建设的海上丝绸之路，就是一条和平友谊之路，充分体现了中华文化对这条国际海路的深刻影响。最初，中国统治者推动开拓这条海路，是为了"敦睦邦交""教化四夷"，希望以此交通各国、扩大政治影响，传播中华文化礼教，在与各国的交往中，基本上采取多予少取的政策。各国派使节和商人与中国来往，有些是为表达友好、建立邦交，有的是仰慕和为学习中华文化而来，他们献上礼品后往往会得到更多赏赐。后来，随着来往的频繁、经济文化交往的增多，特别是民间贸易通商的扩大，各国商人船主逐利往来，以此作为致富之道，海上丝绸之路经济上的意义才不断提高。

中华文化对海上丝绸之路的影响，最有代表性的是郑和下西洋。600多年前，中国明代著名航海家郑和率领由200多艘海船、2万多人组成的当时世界上最强大的中国舰队，在西太平洋和印度洋七次往返，远涉亚非30多个国家和地区，没有殖民，没有掠夺，没有侵占别国一寸土地，带去的是茶叶、瓷器、丝绸等中国先进产品和先进科技，进行的是公平交易，传播的是友谊、和平与文明。这条路一直是中外各国友好交往的和平之路，很少见到腥风血雨。中华民族在1000多年开拓经营海上丝绸之路的过程中，一直奉行"和而不同、以和为贵"的文化理念，这是海上丝绸之路繁荣兴盛的精神文化根源之一。建设"21世纪海上丝绸之路"意味着中国文化将乘着经贸之船驶向南海、太平洋和印度洋，与沿海各国开

展全新的文化交流合作,它将带去优秀中华传统文化和当代中国文化发展成果,使沿海各国人民对中国文化产生更深的认识和认同;建设"21世纪海上丝绸之路"意味着这些沿海国家的文化也将不同程度地涌入中国,融入中国民众的文化生活中。

作为21世纪海上丝绸之路起始地的岭南文化,由于其独特的地理位置,一直就是中西方文化荟萃之地。秦汉以降,海上丝绸之路开通,岭南作为始发地甚至是唯一通商大港,一直是中外文化交流的平台,东西方的商业文化、科技文化、宗教文化、政治文化都从这里登陆引进,近代以来其势更甚,外来文化给岭南文化注入了新活力,使得广东成为我国改革的试验田、开放的窗口、外向型经济的桥梁,成为近40年来我国经济文化最为活跃、最富生机活力的区域,为中国经济腾飞为世界第二大经济体做出了巨大的贡献。

二、旅游——21世纪海上丝绸之路的先锋

"海上丝绸之路"既是"丝绸贸易"路线,更是一条黄金旅游线路,远航、冒险、异域风情、文化传奇,无不对中外游客充满诱惑。从"海丝"沿线众多的文物古迹和博物方志中可见"海丝"千百年来的中外旅游交流状况,既有如郑和七下西洋的宏大旅游壮举,也有如马可·波罗的个体细小旅游探微,无论是官方派遣的公务(经济、政治、文化)旅游,还是民间自发的商贸、文化(考察、学习)旅游,都为"海丝"中外旅游交流史谱写了宝贵的篇章。古老的海上丝绸之路,在全球化背景下,越来越成为一条"黄金旅游走廊",同时"旅游文化搭台、经贸政治唱戏",表明旅游逐渐成为21世纪海上丝绸之路的先锋。这条穿越世界四大洲、连接四大洋的"蓝色丝绸之带"上,镶嵌着神奇迷人的陆地风景、风光旖旎的海洋景观,并存着中华文明、印度文明、波斯文明、地中海文明,包含着丰富多彩的民族民俗文化、商业文化、生活文化、政治文化、宗教文化、城市文化,是世界上景观和文化最为集中、最为复杂、最为迷人的

"旅游文化带"。已形成纵贯几大洲的无数"旅游线路",每天涌动着海量的"旅游流",穿梭往来于亚欧之间、非欧之间、亚澳之间。在这些浩大的旅游流中,不仅有观光度假、航海探险、探亲访古的各类游客,也有文化交流、宗教朝圣、政治互访的各界人士,还有修学考察、商务贸易、科学研究的各方贤达。举凡离开故土、远赴他乡,无论其从事什么事务,都是行走在"海丝"上的旅游者,是以旅游的方式履行自己使命的"丝路先锋"。

近30年来,"海上丝绸之路"的标志性旅游事件接连不断。1981年7月,阿曼"苏哈尔"号仿古木帆船,沿着海上丝绸之路走了6000海里到达广州;1991年,联合国海上丝绸之路考察队搭乘的"和平方舟"万吨轮抵达广州;2006年,仿造复原的"哥德堡号"重走海上丝绸之路远航中国,抵达广州港。近年来,以入境游和出境游为双轮驱动的我国国际旅游步入快车道,一波又一波"旅游流"沿着"海丝"路线进入我国各大旅游区和旅游城市,到达"海丝"沿途各国各地区。随着世界经济全球化和文化交流的日益加速推进,国际远程旅游——跨越海洋的洲际旅游,已成为21世纪世界旅游发展的主流态势。2016年,我国接待入境游游客1.38亿人次,其中外国游客为2815万人次,出境旅游人数达1.22亿人次,居全球各国之首。2017年上半年,接待入境游6950万人次,同比增长2.4%,其中外国游客1425万人次,增长5.8%;出境游人数6203万人次,同比增长5.1%。

2017年5月14日,中国国家主席习近平出席"一带一路"国际合作高峰论坛并发表主旨演讲。习近平说,古丝绸之路绵亘万里、延续千年,积淀了以和平合作、开放包容、互学互鉴、互利共赢为核心的丝路精神。这是人类文明的宝贵遗产。要用好历史文化遗产,联合打造具有丝绸之路特色的旅游产品和遗产保护。"一带一路"倡议提出4年多来,取得了累累硕果,集人文交流与经贸交流为一体的旅游业在"一带一路"倡议中发挥了积极作用。在海上丝绸之路旅游推广联盟、陆上丝绸之路旅游推广联盟、"万里茶道"国际旅游推广联盟,以及72小时过境免签、离境退税等工作与政策的协同效应下，根据不完全统计，仅 2016 年，中国与"一带一路"沿线国家之间共有 3400 万人次的游客往来，中国为"一带一路"沿线国家贡献了 2400 万人次的出境游客，同时吸纳了将近 1000 万人次的入境游客到访。4 年多来，中国旅游业与"一带一路"倡议共振，相互促进，既推动了中国从世界旅游大国向世界旅游强国迈进，又为"一带一路"建设贡献了开放共赢的产业价值。"十三五"期间，中国将为"一带一路"沿线国家贡献 1.5 亿人次的游客和 2000 亿美元的消费，中国将吸引"一带一路"沿线国家 8500 万人次的国际游客来华旅游，拉动旅游消费约 1100 亿美元。旅游业在"一带一路"建设中将发挥越来越重要的作用。

第二章

21世纪海上丝绸之路的旅游资源与产品

21世纪海上丝绸之路，从地理区位上划分，主要包括东北亚、东南亚、南亚、西亚、地中海沿岸、西欧-北欧、大洋洲、北美西海岸等几大区域。沿线各国各地区的地理位置和海陆分布、自然环境与自然条件、历史文化与民族民俗、经济发展与社会生活、物质景观与人文风貌等千差万别，旅游资源形态各异，旅游产品特色与旅游产业结构差异显著，构成了一幅绚丽的"海丝"图画，仿佛镶嵌在地球上的一条彩丝带，是一条名副其实的黄金旅游带。沿线国家和地区中，有历史悠久、文化深厚的四大文明古国，有风光绮旎、景色怡人的热带海岛和滨海景观，有辽阔壮观、粗犷奔放的沙漠和草原，有冰天雪地、洁静迷人的高山和高原，有多姿多彩、浓郁美丽的乡村风光和民族风情，有引人入胜、流连忘返的现代都市景观和商业文化，有奥秘深邃、魅力无穷的宗教圣地和各国宗教建筑。21世纪海上丝绸之路，集中了全球最齐全、最丰富、最多元、最迷人的旅游资源，拥有完整、多样、实惠的旅游产品体系，旅游交通发达、便捷，旅游市场庞大，旅游消费潜力巨大。21世纪海上丝绸之路，发展旅游业、开展旅游合作，条件优越、基础雄厚、前景广阔。

本章从旅游方式（含旅游动机、旅游目的）的理论出发，将旅游资源和旅游产品纳入旅游者使用的范畴，结合历史和现状，从构成跨区域旅游流的可能性和现实性角度，将"21世纪海上丝绸之路"的旅游资源与产品类型分为观光旅游资源与产品、度假旅游资源与产品、文化旅游资源与产品、宗教旅游资源与产品、商务旅游资源与产品几类。观光、度假、文化、宗教旅游一般被认为是休闲性旅游，商务旅游则是事务性旅游。作为长距离的出境游，游客在旅游目的地国家和地区的旅游活动（包含旅游动机、旅游目的、旅游方式），一般都是在某种方式主导下的综合性旅游活动，即某一次旅游经历，有观光、文化、宗教，或者度假、观光、文化，或者文化、观光、宗教，或者宗教、文化、观光，为了研究的需要，以下各节仍然以某种方式为主展开分析，为开展"21世纪海上丝绸之路"的旅游合作提供参考。

第一节 观光旅游资源与产品

"21世纪海上丝绸之路"由中国东南沿海地区出发,沿近海域,依次经过东亚、南亚、西亚、北非、地中海,最后到达欧洲。沿线各国、各地区海陆位置不同,气候类型多样,地形地貌迥异,生物种类繁多,地表形态万千,建筑和城乡景观各异,历史文化和社会生活异彩纷呈。形成了形态各异、特色无限的风光、风景、风物、风情,形成了各自的自然和人文旅游资源,对世界各国各地区的游客具有巨大的吸引力。在当前世界旅游业处于转型升级的时期,观光旅游仍然是"21世纪海上丝绸之路"旅游资源与产品的主体、旅游市场的主流、旅游产业的主题。主要的观光旅游资源与产品有滨海和海岛景观、山地高原风光、城市和乡村风貌、建筑和文化景观、民俗和宗教活动。这些观光旅游资源与产品,在"海丝"沿线国家和地区均有分布,主要供游客参观欣赏、游览品鉴,获得自然审美享受、人文知识增长和文化艺术熏陶。

一、滨海和海岛景观

滨海和海岛景观,主要分布在海上丝绸之路的沿海国家和地区,在旅游产业大发展的今天,几乎每个沿海国家和地区都有一定数量、较高品位和知名度的滨海旅游地带和海岛旅游地。以东南亚沿海,南太平洋,东太平洋,南亚及印度洋,地中海几大区域的海湾(湾区)、群岛、(大)岛屿最为著名。还有如中国东部沿海(渤海湾、杭州湾、粤港澳湾区、北部湾)、朝鲜海峡、东京湾、泰国湾、旧金山湾区、马来西亚群岛、印度尼西亚群岛、夏威夷群岛、孟加拉湾、马尔代夫群岛、亚丁湾、红海和地中海沿岸等。其中中国的海南岛、韩国的济州岛、美国的夏威夷群岛、泰国的普吉岛、菲律宾的长滩岛、印度尼西亚的巴厘岛、越南的下龙湾、泰国的攀牙湾、马尔代夫群岛、毛里求斯、地中海诸岛（西西里岛、爱琴海龙士岛、马略卡岛）是世界著名的滨海和海岛旅游目的地。这些滨海和海岛，不仅自然环境优美、空气清新、光照充足、海水清澈、林木葱葱，旅游资源相当丰富，而且具有所在地浓郁的民族风情，拥有完备的旅游服务设施和基础设施，每年吸引无数的游客蜂拥而至，成为世界各国游客向往的观光、度假、养生胜地。

滨海和海岛的旅游资源与产品特色，以东南亚和地中海两个区域最突出，东南亚漫长的海岸线蜿蜒曲折，形成许多天然的海港和优质的沙滩，湛蓝的海水、碧蓝的天空、柔软的沙滩、明媚的阳光，点缀以婆娑摇曳的椰树和缓行的船只，形成一幅幅魅力无限的椰风海韵画卷，如梦幻天堂，吸引着世界成千上万的游客前来观光、度假、运动（潜水）、养生。东南亚著名的滨海旅游区有泰国的"东方夏威夷"芭提雅海滨、巴东海滩（普吉岛上最著名开发最完善的海滩），印度尼西亚的金巴兰海滩、库塔海滩，马来西亚的马六甲海滩、珍南海滨，菲律宾的长滩岛海滨，等等。地中海沿岸是古代文明的发祥地之一，古埃及文化、古巴比伦王国、波斯帝国、爱琴文明、古希腊文明以及曾地跨亚、欧、非三洲的古罗马帝国都兴盛于此。沿岸的海滨城市亚历山大、马特鲁港是绝妙的旅游胜地。马特鲁港最具名气的两大海滩为阿吉巴海滩和格拉姆海滩，被很多游客誉为全世界最美丽的海滨风景区。

二、山地高原风光

海上丝绸之路沿线的大陆地势，除了沿海部分海拔较低的滨海地带，大部分是地势较高的山地，并向内陆高原上升。亚洲、非洲、大洋洲沿海地带分布着较多的山脉，错落分布着亚热带、热带、温带森林植被，部分高海拔山地甚至有积雪冰川分布，由沿海向内陆形成了多姿多彩的山地高原景观。加上山区和高原地带的独特农林牧业生产方式和民族生活方式，以及山地多宗教建筑的特点，构成了丰富多样的旅游资源类型，从地文景观、生物景观、天象与气候景观，到文物古迹、宗教和文化建筑、民族民俗风情，应有尽有。山地高原旅游资源与产品集中分布的地区主要有中国东部地区的各大名山（泰山、普陀山、黄山、九华山、庐山、三清山、雁荡山、武夷山、丹霞山、罗浮山、南昆山、西樵山）、云贵高原、日本富士山、印度尼西亚的阿贡（火）山、越南的长山山脉、印度德干高原、伊朗高原、北非-地中海沿岸的阿特拉斯山脉、托罗斯山脉、亚平宁山脉、阿尔卑斯山脉、比利牛斯山脉、北美西部海岸山脉、内华达山脉等。

以阿尔卑斯山脉为例，可见山地旅游资源与产品之丰富和品位，阿尔卑斯山脉呈弧形，长 1200 千米，宽 130～260 千米，平均海拔约 3000 米，总面积大约为 22 万平方千米，是欧洲最大的山脉。其中有 82 座山峰超过 4000 米的海拔，最高峰是勃朗峰，海拔 4810 米，位于法国、意大利和瑞士的交界处。同时是个巨大的分水岭，欧洲许多大河如多瑙河、莱茵河、波河、罗讷河等均发源于此。阿尔卑斯山景色十分迷人，是世界著名的观光旅游胜地，被世人称为"大自然的宫殿"和"真正的地貌陈列馆"，还是冰雪运动的圣地、探险者的乐园。

三、城市和乡村风貌

"21 世纪海上丝绸之路"，镶嵌着众多个性独特、风格各异、魅力四射的城市，这些城市有着不同的地理位置、自然条件、历史文化、建筑格局、区域职能、人口规模、民族民俗，呈现出不同的风貌（自然景观、历史文化、生活方式）。城乡风貌，不仅指城市和乡村以建筑景观呈现出的聚落空间形态，也包括各国不同区域城市和乡村居民的生活方式（如通勤劳作、饮食起居、服饰家装、邻里交往、休闲娱乐）所呈现的"生活景观"。城市和乡村风貌本身就是重要的旅游资源与产品类型。各国各地区的中心城市和特色城市，也是区域旅游集散中心（地），世界各国各地的游客通过这些城市深入广阔的旅游腹地，因此，城市也是区域旅游的窗口和桥梁。与各个城市景观迥异、但唇齿相依的乡村，与自然接触紧密、受人工改造较少，具有"自然、原始、淳朴、洁净、优美、清新"的环境特点，是各国各地区原生自然环境和原始民族文化的展示地，和城市一起构成一类综合性的观光旅游资源与产品系统。

由于地理位置、自然环境、开发历史、文化历史、经济水平、民族民俗、职能分工等方面的不同，"21世纪海上丝绸之路"的城市呈现出不同的特点，从旅游角度看，大致可以分为以下三类。

（1）世界级大都市，如北京、上海、香港、东京、新加坡、罗马、开罗、巴黎、伦敦、迪拜、雅典、悉尼、洛杉矶、旧金山，这些城市基本上是一国的首都或最大的城市，自然风景优美，人文景观丰富，历史文化深厚，商业经济活跃，旅游资源丰富、服务设施先进、旅游产业发达，综合功能强大，具有世界范围的辐射力和影响力，是世界的经济、商业、文化、交通中心，对世界各地的游客有着强烈的吸引力，因此成为世界旅游城市。

（2）区域中心城市，通常指一国首都或国内区域中心，如广州、厦门、大连、青岛、宁波、京都、首尔、曼谷、雅加达、吉隆坡、马尼拉、加尔各答、大马士革、耶路撒冷、巴塞罗那、马赛、汉堡、阿姆斯特丹、达尔贝达（卡萨布兰卡）、温哥华、西雅图等。这些区域中心城市，具有地方自然风景、人文风俗和建筑景观，代表着本地的经济、社会和文化特色，旅游资源类型丰富、产品体系完整，是吸引国内外游客的重要旅游目的地。

（3）个性鲜明的中小城市，一般城市规模不大、人口不多，但经济发达、特色鲜明，在城市某个方面（如环境、风景、历史、文化、产业、经济等）具有世界知名度和影响力。旅游资源与产品以某类型见长，具有独特的优势和世界竞争力，因而也是一些游客钟情的旅游目的地。如泉州（历史）、澳门（文化）、珠海（环境）、海口（风光）、三亚（风景）、横滨（贸易）、威尼斯（风情）、苏黎世（风光）、慕尼黑（会展）、麦加麦地那（宗教）、维也纳（艺术）、老挝的古都琅勃拉邦（历史）、菲律宾维甘历史古城（历史）、檀香山（风景）等。

海上丝绸之路沿线各国、各地区的乡村风貌，丰富多样，既有滨海渔村和沿海平原水乡田园风光，也有沿海丘陵地区农耕村庄（农林牧）风貌，也有山区星罗棋布的原始自然村落景观，还有城市周边郊区化的"城中村"景观。这些乡村有东亚温带半干旱地区、亚热带湿润地区的乡村，也有东南亚、大洋洲热带雨林地区的村庄，还有西亚、北非干旱沙漠地区的乡村，还有地中海气候和温带海洋性气候区的欧洲农庄。乡村景观在村庄地理位置、乡村聚落形态、空间布局、建筑材料和风格、农业生产方式、农民生活方式等方面千差万别、各具特色。有不少乡村风貌具有极高的美学景观价值、历史文化价值，有的成为世界文化遗产（保护地），对其他地区的游客产生了巨大的吸引力，旅游价值很高。典型的乡村风貌如中国的江南水乡古镇，欧洲法国、荷兰、德国、瑞士、意大利等国的乡村。

四、建筑和文化景观

建筑和文化一般都分布在城市和乡村聚落中，以单体和规模化存在于城市的某个区域（街区）和乡村（集镇）。城市和乡村风貌，作为旅游吸引物（资源与产品），呈现出的是整体景观效果和旅游价值，而建筑和文化景观则着眼于建筑物和文化物质载体（文化场馆、文化设施和文化景观建筑）的具象景观效果，在此，将建筑和文化景观与城乡风貌作为两种观光旅游资源与产品类型分别阐述。"21世纪海上丝绸之路"经过几十个国家、几百个城市区域，沿线荟萃了世界各国各民族在不同历史时期留下来的建筑设施和文化景观，这些是全人类宝贵的遗产财富，有不少是世界文化遗产保护名录（地），是吸引世界各地游客观光、品赏、研学、瞻仰的重要旅游资源与产品。如中国的古长城（河北、北京境内遗址）、北京古都建筑（故宫、四合院）、江南水乡园林和古村落、上海万国建筑群、泉州和澳门的古建筑（街区、民居民宅），柬埔寨的吴哥窟，印度的泰姬陵，澳大利亚悉尼歌剧院，埃及的金字塔，开罗伊斯兰古城，法国巴黎罗浮宫和埃菲尔铁塔，希腊奥林匹亚遗址、雅典古城，意大利罗马古城，美国金门大桥、好莱坞影城，等等。在建筑和文化景观中，以中国和欧洲分布最多、最集中，最有代表性，最具吸引力。这些建筑和文化景观成了城市旅游资源与产品的重要组成部分，甚至是其所在城市的标志性建筑和区域形象。一些建筑和文化景观，不仅在形态上具有极高的美学观赏价值，在建筑技术上具有极高的科技和艺术价值，而且本身就是海上丝绸之路东西方文化交流的历史见证，凝聚了人类友好往来、向往和平的精神价值，具有珍贵的历史、文化（物）价值，因而成为"21世纪海上丝绸之路"重要的观光旅游资源与产品类型。

根据建筑和文化景观属性和影响力，21海上丝绸之路的这类旅游资源与产品主要包括以下七方面。

（1）城乡聚落建筑和社区景观（旅游城镇、特色街区、乡土建筑），如中国西安古城、丽江古城、凤凰古城、皖南古村落、桂林阳朔西街，中国南方客家围龙屋、碉楼、骑楼。

（2）历史纪念建筑（名人故居、文化纪念地、历史建筑、宫殿、陵墓），如英国莎士比亚故居、中国曲阜"三孔"、孙中山故居等名人故居，中国江南三大名楼等文化纪念地，意大利罗马斗兽场等历史建筑，中国故宫博物院、法国巴黎罗浮宫等宫殿，中国秦始皇兵马俑、埃及金字塔、印度泰姬陵、西夏王陵、西汉南越王博物馆等陵墓遗址。

（3）大型体育文化艺术活动场馆设施（博物馆、体育馆、科技馆、展览馆、音乐厅、歌剧院），如悉尼歌剧院、维也纳音乐大厅、巴黎埃菲尔铁塔、中国国家体育场（"鸟巢"）。

（4）园林建筑，如中国江南园林、岭南园林，欧洲国家的私家园林。

（5）特色交通建筑（桥梁、港口、车站），如旧金山金门大桥、阿姆斯特丹港。

（6）大型水工建筑（水库、水坝、水电站），如阿斯旺大坝、三峡工程、伊泰普水电站。

（7）宗教建筑，如基督教教堂、伊斯兰教清真寺、佛教寺庙、道教道观和庵。

五、民俗和宗教活动

作为吸引游客的旅游资源与产品，不仅有静态的物质（物质景观、环境、建筑、器物），也包括人的活动所构成的人文事项（生活景象）。与物质形态的观光旅游资源与产品相比，人文活动类的旅游资源与产品更有鲜活的魅力、迷人的韵味、难忘的体验（经历），更能吸引世界不同地区和民族的游客，因而也是重要的观光体验旅游资源与产品。人文活动类旅游资源与产品，最具吸引力的当属民俗和宗教活动，这类观光旅游资源与产品，主要包括饮食服饰、人生礼仪活动、岁时节日活动、社会组织及活动、游艺与娱乐、民俗艺术文化活动、宗教信仰活动等。在旅游活动中，最吸引游客的是旅游接待地通过举办各类旅游演艺活动而展现出来的岁时节日活动、游艺与娱乐、民俗艺术文化活动、宗教信仰活动等几种活动类型，往往成为极富人气的旅游资源与产品。海上丝绸之路沿线的国家和地区，都有各自民族的特殊岁时节日、民俗艺术文化传承、宗教信仰朝拜，旅游接待国和地区一般都会在景区举办大型民俗（节庆、宗教）活动，将游艺和娱乐、艺术文化、宗教朝圣结合起来，游客可以参与其中体验当地风情和风俗。民俗和宗教活动是"21世纪海上丝绸之路"最重要的观光旅游资源与产品系列，应当成为旅游开发的重点领域。

关于民俗与宗教活动旅游资源与产品，以东南亚为例，可见其旅游开发情况。东南亚大陆与岛屿并存，山地与平原同在的地理特点，亚热带与热带气候逐渐过渡的自然条件，加上频繁的民族迁徙和各民族之间的文化交往，构成了多样的生活模式及多彩的社会风情。当地社会风俗除受本地区传统文化的影响，又吸收伊斯兰文化、佛教文化、天主教文化、儒教文化以及西方现代文化，多元文化的融合和碰撞，使东南亚成了"民族博物馆"和"文化博物馆"。虽然在现代化的发展过程中，东南亚欧化的倾向比较明显，但许多当地传统民族风情融合外来文化，从民族服饰、生活习惯、美食文化、宗教与节庆文化等都独具地方特色。如由多种民族文化元素构成的歌舞表演，泰国有中音木琴、响板等传统乐器合奏民俗音乐，民间舞蹈有北部指甲舞、东北部手网舞、中部祝福舞和南部扇舞等，柬埔寨有民族音乐滑音表演，菲律宾有高山部落民族的古老曲调和棉兰老岛婚礼上的穆斯林舞蹈等。文化融合过程中，又逐渐形成了许多新的风情文化，如华人后裔在同东南亚马来人和其他族群的生活融合过程中，将原有语言、服饰和饮食习惯融入自己的日常生活形成的独具特色的娘惹文化。民俗旅游几乎成为东南亚各国吸引旅游者的一个重要的部分。

第二节　度假旅游资源与产品

近10年来，世界旅游业发展的一大趋势就是以休闲放松、养生体验为目的的度假旅游迅速崛起并呈现加速发展之势，传统观光旅游资源与产品朝着观光、度假、文化综合方向被开发利用。一些环境优良、地理和交通位置优越的旅游资源富集区域已经或正在被开发为度假旅游目的地，比如，拥有漫长海岸线和优质海水沙滩日光资源的滨海、风光旖旎的海岛、气候环境适宜风景优美的山地、生态环境良好民风淳朴的乡村。上一节分析指出，21世纪海上丝绸之路沿线，观光旅游资源与产品类型多样、品位很高，一些观光旅游地（旅游风景区、旅游城市、乡村旅游地）同时也是度假旅游地。或者说，一些资源富集区域，已被开发为以度假功能为主，兼具观光游览、民俗体验、文化品位、保健疗养功能的综合性旅游目的地，这些旅游目的地对外宣传促销的名称就是旅游度假区，这样的旅游度假区在海上丝绸之路沿线非常多，既有世界级的，也有区域级和国家级的。从资源与产品的主导功能看，21世纪海上丝绸之路的度假旅游资源与产品主要有以下四种。

一、滨海度假地

滨海地带，包括海岸（带）和海岛两种类型，海岸带又以海湾（湾区）为代表。滨海度假地以滨海地带的"海水、沙滩、日光、树林、海景、海风"为资源本底，风光秀丽，景色迷人。各国各地区都在滨海地带建造旅游观光、休闲度假、运动养生方面的服务设施，形成度假旅游产品，吸引各国游客。21世纪海上丝绸之路沿线，绝大部分都是海陆兼备的国家，拥有或长或短的海岸线，滨海旅游资源丰富，沿海地区往往也是该国人口稠密、经济发达、城市密布的地区，对外交通便利，对外经济文化联系密切，旅游需求旺盛、市场巨大。经过多年的开放，不少国家和地区的滨海地带已经成为该国该地区最重要的度假旅游区集中分布的区域，世界最著名的旅游度假区基本上都在滨海地带。世界著名的滨海地带有：中国的东部滨海（渤海湾、东海、粤港澳大湾区、北部湾、南海）地区、东南亚大陆滨海（泰国湾、孟加拉湾、马六甲海峡、爪哇海）地带、东南亚岛国（菲律宾、马来西亚、印度尼西亚）、红海沿岸、地中海沿岸、北欧大陆滨海地带、旧金山湾区、墨西哥湾和加勒比海沿岸。

海上丝绸之路著名的海岸度假地有中国大连金石滩、天津北戴河、烟台蓬莱旅游度假区、山东海阳旅游度假区、青岛凤凰岛旅游度假区、深圳东部华侨城、三亚亚龙湾、北海银滩等国家级旅游度假区。肯尼亚马林迪是东非历史上著名的港口，著名的海滨疗养和游览地，是我国古海上丝绸之路重要的港口，考古工作者在此发现了许多郑和下西洋时留下的丝绸、陶瓷等。红海海岸特色港口萨法贾海水含盐量高，沙滩的黑泥可以治疗风湿症和皮肤病，是世界上最适合疗养度假的胜地之一。著名的海岛度假地有：中国的海南岛、海陵岛、南澳岛、舟山群岛，日本的冲绳岛，韩国的济州岛，泰国的普吉岛，印度尼西亚的巴厘岛，菲律宾的长滩岛，马来西亚的沙巴岛，等等。地中海沿岸则有意大利的西西里岛、希腊爱琴海龙士岛、印度洋上的马尔代夫群岛、美国的夏威夷群岛等。

二、山地度假地

山地度假地是以山地景观和资源环境为依托，以度假养生为主要功能，兼具观光、休闲、运动、探险功能的综合性旅游目的地。与滨海度假地不同，山地度假地拥有山、水、林、石、气、动物多种原生自然资源和寺庙道观、文物古迹、乡野村落等人文资源，环境宁静、幽雅、绿色、怡人，是许多游客青睐的旅游资源与产品类型。世界许多山地，不仅是观光型的旅游风景区，也是休闲养生和保健疗养的度假地，一些名山就是当地著名的山地森林度假胜地。海上丝绸之路沿线，分布着众多的山地度假地，每年吸引了无数世界游客前去度假休闲、观光游览、运动保健、避暑疗养，成为重要的度假旅游资源与产品系列。著名的山地度假地有：中国的庐山、武夷山、罗浮山、南昆山，日本的富士山，越南的长山，北非－地中海沿岸的阿特拉斯山脉，意大利亚平宁山、阿尔卑斯山，希腊爱琴海北部的阿索斯山，北美西部海岸山脉，等等。

三、乡村度假地

乡村度假地，一般是乡村旅游资源集中分布的乡村地区，经过规划建设、有较好的基础设施和旅游发展业绩、以度假为主要功能的旅游地域综合体。乡村度假地比乡村观光地对资源、环境、设施、服务的要求更高，度假地一般具有包括观光游览在内的多项功能，是综合性的旅游地域类型。但是，乡村观光地不一定具有度假功能。乡村度假地以原始的自然环境、清新的空气和清澈的水、丰富的农副土特产品、友好的村民、古老的乡村文化和多彩的乡村风俗，吸引游客前去度假休闲、观赏风景、了解民俗、品尝美食、体验农活，让游客过和城里不一样的生活，令游客流连忘返。特别对于那些追求深度体验（非观光游览）的游客，乡村度假地是其理想的选择，具有极大的吸引力。

近半个世纪以来，世界城市化加速推进，大量农村人口进入城市，城市人口比重越来越高，城市环境的恶化和生活节奏加快、压力增加，使得越来越多的城市人"逃离"城市，去乡村旅游度假、休闲放松，追求"古、野、慢、静、雅、闲"的乡村生活方式。各国（特别是城市化水平高的欧美和亚洲国家）乡村旅游开发如火如荼，各类乡村旅游度假地如雨后春笋般开发建设起来，农家乐、观光农业园、乡村客栈、农业产业园等各类乡村旅游目的地，每天（尤其是周末和小长假期间）接待着大量从城市"逃离"出来的市民，甚至吸引着从国外远道而来的游客。海上丝绸之路沿线的乡村度假地不计其数，主要分布在几大区域：中国东南部沿海地区，东南亚沿海国家（特别是自然条件良好的农业大国）的乡村地区，地中海沿岸的意大利、法国、德国、荷兰、瑞士的乡村地区，北欧四国的乡村地区。

四、温泉度假地

温泉度假地，是以温泉资源与产品为主题的专项度假旅游目的地，和前面三类以资源分布区域为标准划分的旅游度假地不同，它是以独特资源类型划分的一类特殊度假地。鉴于温泉（养生）旅游已成为世界性的旅游方式，故本节将其单独叙述，为21世纪海上丝绸之路旅游开发指明一个重要的方向和领域。温泉作为一种水资源和地热资源的复合体，一种遍在性的自然资源（旅游资源），在地球上几乎到处都有，但其地域分布具有"大分散、小集中"（也即"大遍在、小偏在"）的特点。前面分析的滨海、海岛、山地、乡村等都有温泉分布，因而温泉资源与产品的分布区——温泉旅游度假地同滨海、海岛度假地、山地度假地、乡村度假地所在区域一般是重合的。海上丝绸之路沿线各国、各地区，温泉资源相当丰富，温泉度假地数量众多，有世界级的温泉度假地，更多的则是国家级、地区级的温泉度假地。

中国是温泉大国，"海丝"起点的东部沿海地区温泉分布很广，尤以广东、江苏、浙江、东北为多，如珠海御温泉、广东恩平帝都温泉、广州从化温泉、南京汤山温泉度假区、大连安波温泉度假区。日本温泉旅游产品，享誉世界，成为日本旅游文化和国民生活方式的重要表征，也是吸引中外游客的重要旅游产品，著名的温泉有著名的草津温泉、有马温泉、下吕温泉。马来西亚的万雅岚温泉度假村，泰国芭提雅的汤之森温泉，闻名世界。北欧冰岛的蓝湖地热温泉，是冰岛最大的旅游景点之一，也是世界顶级疗养胜地。此外，还有新西兰北岛的罗托鲁瓦湖畔的波利尼西亚温泉浴场、加拿大温哥华哈里逊湖畔的哈里森温泉度假村、美国那帕谷之上的卡利斯托加温泉等知名的温泉度假地。

第三节　文化旅游资源与产品

海上丝绸之路，历经千年，造就了绚丽多彩的人类文化，留下了无数宝贵的文化遗产，成为推进"21世纪海上丝绸之路"建设的重要资源。在这条中外文化、东西方文化、亚非欧美文化交流之路上，分布着各具特色的民俗文化、商业文化、政治文化、宗教文化、城市文化、海洋文化、乡村文化资源，拥有类型丰富、引人入胜的文化产品，成为类型最多、分布最广、价值最大的文化旅游资源。从旅游产品和旅游消费方式角度来看，21世纪海上丝绸之路文化旅游资源与产品主要有城市与建筑文化资源与产品、民俗生活文化资源与产品、教育研学旅游资源与产品、文化交流活动资源与产品。城市与建筑文化资源，在前面观光旅游资源与产品中已介绍了城市与乡村风貌、建筑与文化景观，这两类观光旅游资源与产品，也属于城市和建筑文化资源与产品，本节不再叙述。

一、民俗生活文化资源与产品

民俗生活文化，广义的含义包括各地区、各民族物质生产方式和生活方式，物质生产方式又包括工农业生产方式、民居与建筑文化、城乡风貌景观等。狭义的民俗生活文化，包含饮食服饰、婚丧嫁娶、岁时节日、人生礼仪、文学艺术、休闲娱乐、宗教信仰等几个方面。此处指狭义的民俗生活文化，是不同于静态的物质景观文化的动态的活化的文化形态，是一类富有人情味和亲和力、感染力、吸引力的文化旅游资源与产品。海上丝绸之路沿线各国各地区，分布着众多的民族，在不同的自然环境下，从事着不同的工农业生产方式，在不同的宗教信仰和历史传统影响下，有着千姿百态的民俗生活文化形态。各民族在饮食服饰、婚丧嫁娶、岁时节日、人生礼仪、文学艺术、休闲娱乐等方面表现出了各自的特色，呈现出了"百花齐放""各各其美"的格局。在 21 世纪海上丝绸之路的交流合作中，这些民俗生活文化资源与产品将会交相辉映、大放异彩，成为沟通中外、联系各国的坚实文化基础。

从旅游产品开发、旅游产业发展和旅游文化合作交流的可行性方面看，21 世纪海上丝绸之路的民俗生活文化资源与产品，比较有代表性的有：中国、日本、韩国、新加坡等东亚国家和地区的饮食（美食），中国和东南亚国家的民俗节日（含传统节日、宗教节日、现代节庆）活动，欧洲国家的传统节日、民族服饰和特色饮食，阿拉伯国家的饮食和服饰文化，中国古代文学艺术、印度古代文学艺术、欧洲古典文学艺术，美国的现代娱乐生活方式（如好莱坞影视、迪士尼乐园）、欧洲国家（尤其是北欧、法国、意大利、瑞士）的优雅休闲生活方式。值得一提的是风靡欧美的体育生活（如欧洲足球、美国的篮球和橄榄球），成了一种体育生活方式和民俗生活文化，是一种重要的文化旅游资源与产品，每年吸引着世界各国、各地区无数的体育爱好者和旅游者前往这些国家和地区观赏体育赛事。

二、教育研学旅游资源与产品

近代以来,伴随着世界各国各地区间经贸、科技、文化、政治交流互动的密切开展,教育交流越来越广泛、深入,由年轻学子的研学和教育科技工作者间的交流构成的教育研学旅游方兴未艾,近年来呈现出加速增长趋势。随着"21世纪海上丝绸之路"的深入推进,越来越多的教育研学旅游资源与产品被开发利用,由原来的著名高等学府、知名研究机构,扩展到历史悠久的中学,教育研学群体数量越来越多、越来越年轻化。教育研学旅游目的地由原来的欧美国家拓展到欧美、亚洲及澳大利亚,研学旅游内容和形式由原来的留学深造(学历教育)、进修访学拓展到现在的留学深造、进修访学、假期游学多样化。教育研学旅游已成为一种重要的文化旅游资源与产品,成为一些国家(如美国、加拿大、英国、澳大利亚、法国、德国)吸引世界其他国家莘莘学子和科技教育人员前来研学、发展旅游的重要战略。

近年来,伴随着出国研学的人数增加,来华从事教育研学的国际人士也逐年增加,教育研学旅游成为我国加快推进 21 世纪海上丝绸之路教育文化交流的重要内容。据《中国教育报》(2017 年 3 月 2 日)相关数据显示:2016 年度我国出国留学人员总数为 54.45 万人,与 2016 年相比增加 2.08 万人,逾九成留学人员赴美国、英国、澳大利亚等 10 国。同时,2016 年共有来自 205 个国家和地区的 442773 名各类外国留学人员来华学习,比 2015 年增加 45138 人。其中韩国、美国、泰国占据前三;"一带一路"沿线国家学生数量明显增长,2016 年沿线 64 国在华留学生超过 20 万人,同比增幅达 13.6%。数据还显示,我国已经成为世界最大的留学输出国和亚洲重要留学目的国。

"21 世纪海上丝绸之路"研学的教育研学旅游资源与产品相当丰富,主要是著名大学和知名科研机构,其中著名大学是教育研学旅游的主要吸引物。如北京大学、清华大学、复旦大学、上海交通大学、浙江大学、中山大学、香港大学、香港科技大学、香港理工大学、香港中文大学、澳门大学、东京大学、京都大学、早稻田大学、首尔国立大学、新加坡国立大学、南洋理工大学、希伯来大学、特拉维夫大学、牛津大学、剑桥大学、伦敦帝国理工学院、伦敦政治经济学院、谢菲尔德大学、爱丁堡大学、慕尼黑大学、伦敦国王学院、海德堡大学、柏林洪堡大学、苏黎世联邦理工学院、巴黎高等师范学院、曼彻斯特大学、哥廷根大学、斯坦福大学、加州大学伯克利分校、加州理工学院、墨尔本大学、悉尼大学、悉尼科技大学、新南威尔士大学、昆士兰大学、西澳大学等。

三、文化交流活动资源与产品

文化交流活动，包括官方和民间的文化交流活动，主要指海上丝绸之路沿线国家和地区在文化艺术学术交流、文化艺术表（展）演、文化艺术博物（展）、文化艺术节庆、文化艺术品贸易等方面的活动。文化交流活动是组织者举办、相关人士参加、旅游者前往体验的综合性活动，是重要的文化旅游资源与产品。21世纪海上丝绸之路沿线国家和地区，每年都举办大量的文化交流（互访互动）活动，吸引了大量的国内外各界人士参加，包括旅游者的观光、鉴赏、学习、研究活动等。如中国"海丝"沿海地区举办的上海国际电影节、广东国际旅游文化节、香港艺术节、香港国际电影节，国外的有泰国国家艺术节、爱丁堡国际艺术节、维也纳艺术节、柏林艺术节、雅典艺术节、萨尔兹堡国际艺术节、巴黎金秋艺术节、新加坡艺术节、墨尔本国际艺术节、赫尔辛基艺术节、丹麦儿童戏剧节、阿德莱德国际艺术节等。在这些艺术节上，举办丰富多彩的文化艺术表（展）演、文化艺术学术研讨及文化艺术品贸易等活动。

第四节 商务旅游资源与产品

海上丝绸之路首先是一条经贸往来之路,自古至今,无数的商人、官员来往于各国各地区间。在跨国跨地区的经济合作、贸易往来、商务考察中,各国各地区兴建了大量的商务设施,其中不乏富丽堂皇、豪华气派、雄伟壮观的商业建筑和设施,营造了舒适、华贵的商务场所,构筑了宽阔、怡人的商业空间。这些分布于各国交通要道和大都市的商务旅游资源与产品,给商务人员留下了美好的记忆,对国内外游客产生了极大的吸引力,无数的游客徜徉在这些商务场所、环境中,一边游览、观赏,一边购物、贸易,一边体验、感悟。商务旅游资源与产品种类多、数量大、吸引力强、经济价值高、开发潜力大,是"21世纪海上丝绸之路"重点开发的旅游资源与产品类型。鉴于前面已将商务建筑和设施归入建筑和景观旅游资源类型,此处商务旅游资源与产品则指在这些商务建筑设施中举办的各类商务展览、博览、会议等活动,是这些活动(借助于商务商业建筑设施和物品)对参展商和游客产生了吸引力。

我国改革开放以来,对外经贸交流和商务活动非常频繁,沿海各大中心城市兴建了一批又一批的商务设施,成为"21世纪海上丝绸之路"对外经贸文化商务交流的重要依托。重要的商务资源包括城市中心商务区、城市游憩商业区、商业步行街、大型商业中心、购物商场(超市)、大型写字楼(商务建筑)、金融中心等。如上海国家会展中心和金茂大厦、广州国际会展中心、香港会议展览中心、上海世博园、上海南京路步行街、广州北京路步行街等。"21世纪海上丝绸之路"沿线各国、各地区重要的商务旅游资源与产品,主要分布在东亚、德国、英国、美国等,著名的商务会议展览场馆有:我国台湾地区台北国际会议中心、台北世界贸易中心,日本东京国际展示场,韩国釜山会议展览中心,阿联酋迪拜国际会展中心（原迪拜世界贸易中心），德国的柏林展览中心、法兰克福展览中心、汉诺威展览中心、杜塞尔多夫展览中心、科隆展览中心、新慕尼黑博览中心，英国伯明翰 NEC 国际会展中心，法国巴黎展览中心和巴黎国际会展中心，美国圣地亚哥会展中心和阿海纳姆会议中心。

第五节　宗教旅游资源与产品

宗教在人类历史文化进程中发挥着重要作用，千百年来，世界各国各地区的无数信众不辞辛苦、跋山涉水去宗教圣所朝拜，或者不畏艰险、远涉重洋去宗教圣地朝觐。世界主要的宗教有：基督教（包括天主教、新教、东正教）、伊斯兰教（包括逊尼派、什叶派）、佛教、印度教、犹太教、道教等。基督教是一种信仰独一真神（圣父、圣子、圣灵）的宗教，发源于古罗马的巴勒斯坦省（今日的以色列、巴勒斯坦和约旦地区）。伊斯兰教的起源一般归功于阿拉伯先知穆罕默德，但是对于虔诚的穆斯林来说，伊斯兰教早在穆罕默德出生之前就有了。佛教距今已有 2500 多年，是由古印度迦毗罗卫国（今尼泊尔境内）王子乔达摩·悉达多所创，佛教在亚洲地区得到了广泛的传播。印度教即婆罗门教，也代指印度文化圈内所产生的宗教，为南亚、东南亚等地的民众所接受。犹太教是世界三大一神信仰中最早而且最古老的宗教，也是犹太民族的生活方式及信仰。道教在中国古代鬼神崇拜观念上，以黄、老道家思想为理论根据，承袭战国以来的神仙方术衍化形成。宗教自产生以来，就一刻也没有停止过传播与传承，宗教在东西方文化交流中有着重要的地位，就人类的精神世界交往而言，海上丝绸之路是一条宗教交流之路、宗教旅游之路。

宗教旅游被认为是一种以宗教朝觐为主要目的的旅游活动，宗教信众从自己的家乡前往世界著名的宗教圣所或圣地参加宗教朝圣活动，就是宗教旅游。宗教旅游，有两种含义，一是指宗教信徒前往宗教圣地开展的纯粹的宗教朝圣活动；二是指非宗教信徒的游客，前往宗教圣地或场所，在观光游览、文化体验等旅游活动中穿插的非严格意义上的宗教活动。海上丝绸之路沿线国家和地区分布着众多的宗教圣地和场所，对沿线各国各地区的信众和游客产生着强烈的吸引力，这些宗教圣所和圣地及其各类设施、景观就是宗教旅游资源与产品。"21世纪海上丝绸之路"沿线国家和地区主要宗教旅游资源与产品有宗教圣地（城镇）、宗教建筑（教堂、寺庙、塔、道观、庵）和宗教名山。

一、宗教圣地

宗教圣地是指宗教信徒对其创教者出生地、葬地或悟道地的尊称。宗教圣地旅游主要是指游客在宗教圣地开展一系列宗教相关活动的总称，宗教信徒是宗教圣地旅游的主要客源，但非宗教信徒也会在宗教圣地开展旅游相关活动。"21世纪海上丝绸之路"沿线国家和地区的宗教圣地主要分布于东亚、东南亚、南亚、中东、地中海沿岸等地区，以各宗教起源地为核心，向四周扩散。如基督教圣地耶路撒冷、梵蒂冈、圣地亚哥，伊斯兰教圣地耶路撒冷、麦加、麦地那，佛教圣地菩提伽耶、鹿野苑、库耶那迦、蓝毗尼、拘尸那迦、拉萨，犹太教圣地耶路撒冷，印度教圣地加德满都、瓦腊纳西（贝拿勒斯）。凭借宗教起源地的优势，宗教圣地每年都吸引着大量的信徒前往朝拜、观光。

以耶路撒冷为例，它是一个综合性的宗教圣地和宗教旅游胜地，是基督教、伊斯兰教和犹太教世界三大宗教的圣地。居民主要是阿拉伯人和犹太人，旧城由穆斯林、基督徒、犹太人和亚美尼亚人居住区组成，具有典型的东方色彩，多清真寺、教堂、集市以及古犹太教会堂等，各种宗教圣地和古迹遍布。耶路撒冷既古老又现代，是一个多样化的城市，其居民代表着多种文化和民族的融合，既有严守教规又有世俗的生活方式。犹太教的哭墙和圣殿山、伊斯兰教的圆顶清真寺和阿克萨清真寺以及基督教的圣墓教堂和苦路等是耶路撒冷的主要宗教活动地，每年吸引了无数信徒前往。

二、宗教建筑

宗教建筑是宗教建筑物与构筑物的总称，是人们为了满足开展宗教活动的需要，利用所掌握的物质技术手段，并运用一定的科学规律、风水理念和美学法则创造的人工环境。由于各宗教所处时代、文化背景、生活习惯、信仰等有所差异，因而不同宗教建筑的形态、材质、结构、风格等也各有不同。"21世纪海上丝绸之路"沿线国家和地区的宗教类别丰富、建筑风格多样，不同宗教的建筑特色迥异，是宗教旅游资源与产品的重要组成部分，如教堂、神庙、寺院、道观、塔等。"21世纪海上丝绸之路"著名的三大宗教的建筑有：

（1）教堂是基督教三大流派（天主教、基督新教、东正教）举行弥撒、礼拜等宗教活动的地方，按照级别分类有主教座堂、大教堂（大殿）、教堂、礼拜堂等。著名的有意大利米兰大教堂、佛罗伦萨大教堂、塞维利亚大教堂、巴黎圣母院。基督教是欧洲人生活中的一个重要的部分，因此教堂遍布城乡各地，成为城市的重要组成部分，也是游客前往欧洲旅游的必游之处。

（2）佛教建筑主要分布在亚洲，一些国家的寺庙林立，建筑辉煌，形成了独特的佛教建筑景观，著名的有印度尼西亚爪哇岛的婆罗浮屠寺、泰国的黎明寺和玉佛寺、柬埔寨的吴哥寺、日本的唐招提寺、韩国的佛国寺、印度的拉曼达寺和湿婆神庙等。

（3）清真寺是伊斯兰教的标志性建筑，主要分布在中东地区、南亚和欧洲国家，著名的清真寺有麦加大清真寺、麦地那的先知寺、摩洛哥哈桑二世清真寺、巴勒斯坦的圆顶清真寺、土耳其伊斯坦布尔的蓝色清真寺、阿联酋迪拜的谢赫扎伊德大清真寺、西班牙的科尔多瓦大清真寺等。

三、宗教名山

古人对名山大川情有独钟，由于名山大川具有宁静、巍峨等特点，集天地之灵气、吸日月之精华，因而成为各宗教清净修行之首选地。宗教名山是因拥有宗教建筑、吸引宗教信众、开展宗教活动、宗教文化深厚而闻名的山地，宗教建筑和宗教信众开展宗教活动是宗教名山的两个核心要素。宗教名山是一类重要的旅游资源与产品，在山岳型旅游资源和文化类旅游产品中占有重要地位。宗教名山往往是宗教圣地，但宗教圣地不都在山上，宗教名山均有宗教建筑，宗教建筑和山上其他资源（如奇石、原始森林、古树名木木、空气、农地）构成宗教景观。宗教名山不仅对宗教信徒有强烈的吸引力，对一般的游客也有较大吸引力，信徒开展虔诚、真实的宗教活动，大部分游客的主要目的则是观光游览，并伴随有形式上（非严格意义上）的宗教活动，享受宁静的自然环境、感受神圣的宗教氛围、体验神秘的宗教文化。

21世纪海上丝绸之路沿线的宗教名山主要有：中国佛教名山普陀山、天目山、天台山，中国道教名山三清山、龙虎山、罗浮山，耶路撒冷的何烈山、各各他山。

第三章

21世纪海上丝绸之路的旅游地域空间组织

21世纪海上丝绸之路，既是一条商业贸易之路，也是一条文化交流之路，更是一条旅游观光之路。沿线近百个国家和地区，地理环境和自然条件千差万别，自然和历史文化资源异常丰富。在长期的经济、政治、文化交流中，逐渐形成了不同的地域空间组织形态，各类交通走廊、经济协作区、自由贸易区、文化旅游圈业已形成。21世纪，随着世界旅游业空间集聚化、多极化、多元化趋势加快，海上丝绸之路将会形成越来越多的旅游地域空间组织。形态各异、功能多样、彼此关联的旅游区域（旅游区、旅游圈、旅游带）如雨后春笋般成长起来；长短结合、内容丰富、特色鲜明的众多旅游线路越来越多，日益受到各国各地区旅游者的青睐；以丰富的旅游资源、独特的旅游环境和优质的旅游服务为基础的各类旅游风景区、旅游度假区和旅游城市成为"海丝"上的闪闪明珠。

第三章 21世纪海上丝绸之路的旅游地域空间组织

第一节 主要旅游区域

21世纪海上丝绸之路已经、即将形成的旅游区域主要有三类：旅游区、旅游圈、旅游带。根据各旅游区域的经济发展水平、旅游产品特色、旅游品牌和影响力，各旅游区域与我国旅游发展的关系及未来走向，重要的旅游区域主要有以下几个。

一、粤港澳闽台旅游区

粤港澳闽台旅游区作为南中国以及东南亚重要的商贸和旅游中心、古代海上丝绸之路的重要起点之一，在21世纪海上丝绸之路的旅游合作与发展中起着重要的桥梁和纽带作用。本区域包括我国的广东、香港、澳门、福建、台湾五个省级行政区域（包括海域）范围，是世界上唯一实施"一国两制"的综合性区域，拥有丰富的自然山水、海洋风光、民族风气、休闲娱乐、都市文化、商务考察等类型的旅游资源。本区域也是我国经济最发达、华人华侨最多、对外开放最早、文化构成最复杂、政治模式差异最大的特殊区域，旅游资源类型和互补性最强。经过改革开放近40年的发展，已经形成了较为紧密的合作关系（两岸的经贸文化旅游合作也越来越频繁），粤港澳珠三角旅游圈已经成为国内知名度最高、影响力最大的区域，海峡两岸成了最具吸引力的旅游区。粤港澳闽台旅游区根据区域联系、文化结构、资源特色，又可以分为"粤闽台旅游圈""粤港澳旅游区"两个次级旅游区域。

1. 粤闽台旅游圈

粤闽台旅游圈主要包括海峡两岸的粤东、闽南和台湾三地，是海上丝绸之路的南方起点，拥有福州、厦门、泉州、漳州、汕头、潮州、揭阳等沿海城市，以及南平、龙岩、梅州等"内陆"城市，是有"东方犹太"之美誉的潮汕文化发祥地和世界客家文化中心，被誉为"世界客都"，世界各地的华侨中有相当一部分是潮汕人和客家人。本旅游圈文化积淀深厚，保存的文物众多，有着独特的自然景观和迷人的民俗风情，以滨海风光、侨乡文化、客家文化、台湾风情为特色，建成世界级的潮汕文化和客家文化旅游区。可开发滨海风光之旅、乡村度假之旅、客家文化风情之旅、两岸寻根问祖之旅等旅游产品，吸引海内外华人及国外游客。

2. 粤港澳旅游区

粤港澳旅游区包括广东省、香港和澳门两个特别行政区，粤港澳区域位于中国内地的南部、海上丝绸之路的起点。从考古发现的曲江马坝人算起，广东在10多万年前便已有人类在此生息繁衍了。从地理环境各要素及整体特征看，珠江流域将粤港澳紧紧联系在一起，构成了南中国一个独立、完整的地理单元，在整体性地理环境下又形成了相似的生产方式和生活方式，创造了独具特色的岭南文化。粤港澳"同饮一江珠水，共铸三颗明珠"，多年来，粤港澳都是"一家亲，万事兴"，谁也离不开谁。粤港澳地区具有丰富多彩、种类齐全、差异显著、互补性强的旅游资源和旅游产品，经过30多年的合作、发展、提升，形成了紧密的粤港澳大珠江三角洲经济区、文化区、旅游区。在粤港澳旅游区内，广东省旅游"四大美人"珠三角、粤东、粤北、粤西互为市场，客源在珠三角和粤东、西、北之间双向流动，形成三条往返的旅游流。通过"四大美人"的联手，已形成了以珠三角为中心，向东、北、西三翼辐射的三条黄金旅游轴带（表3-1）。

表3-1　广东省旅游线路与产品一览

旅游轴带	旅游线路	旅游主题特色	旅游产品类型
珠江三角洲	(1) 广州—东莞—深圳 (2) 广州—中山—珠海 (3) 广州—佛山—江门	都市景观和都市文化旅游、商务会展旅游	都市景观、休闲购物、商务会展、主题公(乐)园、海滨度假、科教修学、文体艺术
珠三角—粤东旅游带	(1) 广州—惠州—河源—梅州 (2) 广州—潮汕	生态旅游、客家文化和潮汕文化旅游	山水风光、乡村野趣、生态旅游、农业观光、休闲度假、客家文化、潮汕文化、海滨风光
珠三角—粤北旅游带	广州—清远—韶关	康体度假旅游、宗教文化旅游、自然文化遗产旅游	丹霞景观、温泉度假、岩溶风光、宗教文化、漂流探险、瑶族风情
珠三角—粤西旅游带	(1) 广州—肇庆—云浮 (2) 广州—阳江—茂名—湛江	自然观光、休闲度假、生态农业旅游	岩溶地貌、山水秀景、海滨度假、热带农业、西江风情

资料来源：金苹等《广东之旅》，广东旅游出版社2000年版；潘燕等《珠江旅游图册》，广东省地图出版社2001年版，活力广东省旅游网（www.gdslyw.com）、活力广东（www.visitgd.com）、《南方都市报》等有关资料。

粤港澳地区是世界上唯一的"一国、两制、三地、四种文化、五个特区、六梯度次区域"荟萃的特殊区域，跨越了岭南文化、西方文化、都市文化、历史文化四种文化，拥有香港、澳门、深圳、珠海、汕头两种类型的五个特区。多元化、多样性、开放性和包容性是我国其他地方无法相比的，因而其旅游独特性、吸引力和影响力也是相当强的。时至今日，粤港澳旅游区已成为国内重要、国际知名的旅游目的地，构建了不同主题、特色、档次的多元旅游产品体系，形成了"主题公园之旅""高端滨海度假之旅""休闲购物之旅""温泉养生之旅""近代历史文化之旅"等。

二、泛北部湾旅游区

泛北部湾经济协作区，亦称泛北部湾经济合作区，包括中国、越南、菲律宾、马来西亚、新加坡、印度尼西亚、文莱等7个国家，中国境内主要包括南宁、北海、钦州、防城港等市。南海泛北部湾经济区处于东盟经济圈、中国华南经济圈和西南经济圈的结合部，是中国西南最便捷的出海通道，也是21世纪海上丝绸之路的起点之一。区域内各国经济互补性很强，具有很大的合作空间，港口、能源、旅游、人力资源开发等将是泛北部湾地区未来合作的重点领域，多年来各国已经建立了一些区域合作的机制基础。泛北部湾旅游区，根据旅游产业联系紧密度，分为环北部湾旅游圈和泛北部湾旅游圈两个层次。

1. 环北部湾旅游圈

该圈层由"两南两广"组成，圈层涵盖了海南和越南、广东、广西，以北部湾（中国）区域为核心，包括广东雷州半岛、广西中南部地区、海南三省范围（含海域），是古代"海上丝绸之路"的发祥地之一。环北部湾旅游圈区内旅游资源丰富，连"边海山"为一体，融自然风光和民俗风情于一炉，有一批名扬海内外的旅游景点，拥有世界级的山水景观（桂林山水）、热带海岛（海南国际旅游岛）、滨海景观（湛江、北海、海口、三亚）、海洋风光（南海）旅游资源。旅游圈内旅游基础设施完善，发展优势互补性强，是开展山水游赏、滨海度假、邮轮观光、海洋探险、少数民族风情体验等旅游活动的绝佳区域。环北部湾是泛北部湾跨国旅游合作开展时间最早、线路最成熟、业务最宽泛的地区，中越边境旅游和北海的邮轮旅游已经有了相当知名度。2015年10月28日，北部湾（中国）旅游推广联盟在北部湾沿岸的广西北海市宣告成立。由广西壮族自治区旅游发展委员会、广东省旅游局、海南省旅游发展委员会三省区以及广州、湛江、海口、三亚、南宁、北海、钦州、防城港、玉林、崇左等成员城市组成。

环北部湾旅游圈是中国西南旅游融入21世纪海上丝绸之路的便捷通道，它将境内的南宁旅游区、桂林旅游区、海口旅游区、河内旅游区串联起来，形成了独具魅力、影响世界的旅游圈。环北部湾旅游圈除了南宁旅游区外，还包括桂林旅游区、海口旅游区和河内旅游区。南宁旅游区：以南宁为一级集散地，北海、崇左、钦州、玉林为二级集散地，重点发展商务旅游、滨海休闲旅游和跨国旅游。桂林旅游区：桂林为一级集散地，柳州、贺州为二级集散地，重点发展陆上喀斯特山水旅游、壮族风情之旅和工业旅游。海口旅游区：海口为一级集散地，三亚、湛江为二级集散地，重点发展亚热带度假旅游和会议旅游。河内旅游区：河内为一级集散地，下龙湾、海防、顺化、胡志明市为二级集散地，重点发展海上喀斯特山水旅游和京族风情旅游。

2. 泛北部湾旅游圈

2002年11月4日，在柬埔寨首都金边举行的"10+1"首脑会议上，中国与东盟十国政府签订了《中国与东盟全面经济合作框架协议》，2006年7月创办的第一届泛北部湾经济合作论坛上提出了"泛北部湾经济合作"的重大战略。泛北部湾旅游圈层由中国"两广一南"和中南半岛的马来西亚、新加坡、印度尼西亚、文莱、菲律宾、越南及与其旅游市场有着密不可分的泰国、柬埔寨等国构成，它处于太平洋西岸，是东北亚经济圈、粤港澳经济圈和东南亚经济圈等亚洲三大经济圈的重要交汇区域。

根据目前泛北部湾旅游合作的基础条件和发展水平，可以用旅游圈来优化泛北部湾旅游合作各方的空间布局。泛北部湾旅游圈细分为三个圈层：北部湾旅游圈、环北部湾旅游圈和泛北部湾旅游圈，三个圈层依次扩大，后者涵盖前者。由于泛北部湾旅游圈涉及中国、越南、马来西亚、新加坡、印度尼西亚、文莱、菲律宾、泰国、柬埔寨等9个国家，泛北部湾旅游圈的10个一级旅游中心地分别为南宁、桂林、香港、海口、河内、曼谷、金边、新加坡、雅加达、马尼拉。以10个一级旅游中心地为中心，以周边的旅游线路为辐射半径，建设10个特色鲜明的旅游区，其内部圈层和旅游区分布图见图3-1。

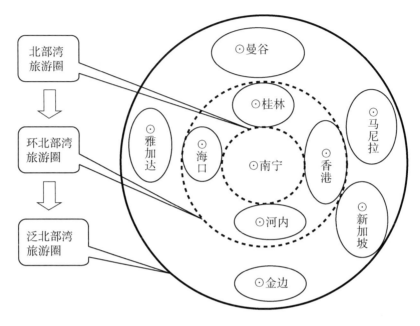

图 3-1　泛北部湾旅游圈的内部圈层和旅游区分布

泛北部湾旅游圈，在环北部湾旅游圈外由五个次级旅游区构成，分别是曼谷旅游区、金边旅游区、新马旅游区、雅加达旅游区和马尼拉旅游区。曼谷旅游区：曼谷为一级集散地，芭堤雅、普吉岛、清迈为二级集散地，重点发展海岛度假旅游和歌舞风情旅游。金边旅游区：金边为一级集散地，吴哥为二级集散地，重点发展世界遗产之旅和佛教朝圣之旅。新马旅游区：新加坡为一级集散地，吉隆坡、斯里巴加湾、哥打基纳巴卢、泗务、滨城、沙捞越洲、沙巴洲、马六甲为二级集散地，重点发展海峡旅游、都市旅游、滨海度假旅游和伊斯兰教朝圣之旅。雅加达旅游区：雅加达为一级集散地，巴厘岛、班达群岛、巴淡岛、苏门答腊岛为二级集散地，重点发展海岛度假旅游。马尼拉旅游区：马尼拉为一级集散地，吕宋岛、棉兰老岛、宿务为二级集散地，重点发展火山旅游和高原风光旅游。

三、东北亚旅游圈

东北亚旅游圈位于亚洲东北部中高纬度，由中国、日本、韩国、朝鲜、俄罗斯和蒙古国6个国家构成。本区域的地缘关系密切，但由于各种利益关系和领土纠纷等矛盾问题成为发展东北亚地区的合作与安全的潜在威胁。中、日、朝、韩、俄、蒙各国社会体制的差异和部分历史遗留的因素，导致各国间仍分歧不断，导致东北亚旅游圈不如东南亚、北部湾那样形成了紧密的旅游协作关系、较高的世界知名度和影响力。东北亚旅游圈6个国家按国别分类为中国、俄罗斯、日本、韩国、朝鲜、蒙古国，按社会意识形态分为开放的社会主义国家、未对外全面开放的社会主义国家和资本主义国家，按地理位置分为内陆国家、沿海国家和半岛形式的国家，按经济发展水平分为发达国家、发展中国家，按民族有多民族国家和单一民族国家，按气候分为大陆性气候区、季风气候区和海洋气候区、大陆性季风气候区。

早在1996年9月由中国、日本、韩国、俄罗斯4个国家的29个地方政府代表发起成立了东北亚地区地方政府联合会。之后，朝鲜和蒙古国地方政府相继加入，联合会扩大为有6个国家的以64个省级地方政府为正式会员的国际性区域合作组织。联合会下设秘书处和包括旅游在内的9个专门委员会，联合会自成立以来，对推动东北亚地区在经济、旅游、文化等领域的交流与合作产生了积极影响。2008年，联合会第七次全体会议增设"旅游专门委员会"。东北亚旅游资源丰富、分布广泛，虽然在行政上划分为不同的国家，但是在类型上具有较强的互补性，地域特征上具有明显的一致性。东北亚旅游合作经历了从政府推进到市场引领，从市场引导到政府宏观布局的发展过程；从旅游景点，到旅游线路，再到旅游区域，旅游空间布局日趋合理，逐渐完善了以中国长白山、俄罗斯符拉迪沃斯托克（海参崴）、朝鲜"罗先"地区和金刚山、韩国的东海岸及济州岛、日本的富士山等地为点，以图们江、东边边界、高速铁路线、航空航海线为轴的多重"点线"型旅游发展的结构布局；并从以图们江流域小区域合作发展为以图们江为中心的中、朝、俄、韩、日等东北亚五国的大区域合作，现在已形成了政府主导的供给型旅游合作模式、市场推进的需求型旅游合作模式、资源禀赋催生的流域型旅游合作模式等多种合作形态。

四、东南亚（东盟）旅游圈

1961年8月1日，为加强东南亚国家间的合作，马来西亚、菲律宾和泰国在曼谷宣布成立了东南亚联盟，1967年8月7—8日，印度尼西亚、泰国、新加坡、菲律宾四国外长和马来西亚副总理在曼谷举行会议，发表了《东南亚国家联盟成立宣言》，正式宣告东南亚国家联盟成立。东南亚国家联盟（Association of Southeast Asian Nations，ASEAN），简称东盟。成员国有马来西亚、印度尼西亚、泰国、菲律宾、新加坡、文莱、越南、老挝、缅甸和柬埔寨。东盟十国山河相连、海域相通、地理位置相近、地理环境相似、历史文化相合，联盟成立以来，已形成了紧密的合作关系。各国的旅游资源多彩斑斓，拥有举世闻名的自然景观、民族文化和历史遗产，有星罗棋布的海岛、古迹，有奇特的火山，还有目前世界上盛行的"3S"[阳光（sun）、沙滩（sand）、大海（sea）]旅游，热带风光旖旎。人文旅游资源也十分丰富，具有较浓厚的宗教文化气息，文物古迹异彩纷呈。其中新加坡的圣淘沙海滩、泰国的泰姬陵、越南的下龙湾、柬埔寨的吴哥窟、菲律宾的科雷吉多岛、马来西亚的双塔、印度尼西亚的婆罗浮屠和巴厘岛都已成为闻名于世的度假旅游胜地。分布于东盟国家的巨石文化遗址和宗教文化资源对世界游客更是具有巨大的吸引力。一个享誉世界的"东盟旅游圈"为亚太地区的振兴和崛起正在并将继续做出积极的贡献。

2010年1月1日，中国-东盟自由贸易区正式建成。2013年10月3日，中国国家主席习近平在访问印度尼西亚时提出，愿同东盟国家共同建设"21世纪海上丝绸之路"。2015年3月28日,中国政府正式发布了《推动共建丝绸之路经济带和21世纪海上丝绸之路的愿景与行动》文件,迅速引起全世界的注意。"一带一路",尤其是"一路"倡议的提出,主要是根据东南亚独特的海洋地理位置,针对东盟提出来的,虽然这条新海上丝绸之路也将延伸到印度洋和欧洲,但东盟仍是重中之重。东盟毗邻我国的大西南区域,除中国-东盟自由贸易区、泛北部湾经济合作、大湄公河次区域经济合作等模式下的产业合作外,近来还建立了澜沧江-湄公河机制(澜湄机制)、境外经贸合作区、跨境经济合作区、两国双园合作和两国共建产业园等模式。2017年是"中国-东盟旅游合作年",双方开展了卓有成效的旅游和文化交流合作。

五、南亚旅游圈

南亚区域合作联盟(以下简称"南盟",South Asian Association for Regional Cooperation,SAARC),是一个地区性国际组织。1985年12月,孟加拉国、不丹、印度、马尔代夫、尼泊尔、巴基斯坦、斯里兰卡7国首脑齐聚达卡,通过《南亚区域合作宣言》和《南亚区域合作联盟宪章》,宣告南盟正式成立。南亚既是世界四大文明发源地之一,又是佛教、印度教等宗教的发源地。早在公元前3000年左右,恒河流域便出现过一些繁华的城市,而后又相继出现了孔雀王朝、笈多王朝、德里苏丹国和莫卧儿王朝。南亚诸国中,印度、斯里兰卡、马尔代夫都是度假旅行的胜地。古印度人创造了光辉灿烂的古代文明,印度也是世界三大宗教之一的佛教的发源地,旅游资源丰富,是南亚旅游的首选;马尔代夫更是以其天堂般的美景吸引了来自全世界各地的游客,是名副其实的蜜月度假胜地。2005年11月召开的第13届南盟首脑会议同意吸收阿富汗为新成员。南盟经过14年的曲折和徘徊,取得了一些成绩,积累了一些经验,南盟各国还在根除贫困、农业、旅游、交通通信、教育卫生、环境气象、文化体育、反毒反恐怖、妇女儿童等领域开展了广泛的合作,并就粮食安全、反毒品和反恐怖问题签署了合作文件。在旅游方面，近年来随着亚太地区旅游业的发展，南亚旅游圈正在形成之中，与东盟形成了有序竞争、合作共赢的良好局面，也与中国开展了有效合作。

2005年11月，第13届南盟峰会原则上同意中国成为观察员。2006年8月，南盟第27届部长理事会审议通过南盟观察员指导原则，正式接纳中国为观察员，并邀请中国以观察员身份出席第14届南盟峰会。目前，中国在人力资源培训、扶贫救灾、经贸、人文交流等领域与南盟开展了多项合作，包括中国－南亚商务论坛、南亚国家政党干部研修班、中国南盟合作研讨会、南亚外交官了解现代中国研修班等一系列活动。

六、西亚－北非旅游区

西亚－北非位于亚欧大陆西南部，是亚洲、欧洲、非洲三大洲的交汇地带，包括20多个西亚和北非国家。西亚－北非的居民和宗教信仰非常复杂，这里是世界三大宗教（基督教、伊斯兰教、犹太教）的发源地，麦加、麦地那、耶路撒冷是世界著名的宗教城市。大部分居民为阿拉伯人，通用阿拉伯语，这些国家通称阿拉伯国家。西亚－北非虽然气候炎热干旱、沙漠广布，但该区域是古埃及、古巴比伦文明的发祥地，具有悠久的历史文化和浓厚的宗教氛围，人文旅游资源相当丰富。著名的旅游地有埃及金字塔、圣城耶路撒冷、伊斯兰教圣地麦加和麦地那、迪拜、苏伊士运河、土耳其海峡、撒哈拉沙漠。近几十年来，以色列灌溉农业、高科技产业举世闻名。西亚－北非已成为世界重要的旅游区域，每年吸引了世界数以亿计的游客前来观光（热带沙漠风光、金字塔、埃及文明）、考察（以色列奇迹）、朝拜（宗教圣地）。

西亚－北非地区自古就是东西方贸易的交通要道，战略位置十分重要，历来是兵家必争之地，近代以来更成为海陆空的要道及中转站。1945年3月，阿拉伯国家联盟（以下简称"阿盟"）宣告成立，目前阿盟成员为21个。中华文明和阿拉伯文明都是世界上最古老的文明，中国和阿拉伯国家有着广泛而深入的交流，2000多年前开启的丝绸之路是中阿两大民族友好相处、和平交往的象征，大量史料说明丝绸之路不仅是商业之路，也是相互了解、寻求友谊之路。公元前120年，汉武帝派使臣到达今天埃及的亚历山大。另据记载，埃及托勒密王朝末代女王克娄巴特拉就穿过中国的丝绸。在大马士革叙利亚国家博物馆和台德木尔博物馆中，都陈列着2000多年前中国丝绸的出土文物原件珍品。此后，双方的史书中都有关于对方的记载。进入21世纪，中国与阿拉伯大部分国家相继签署了关于组织中国公民赴阿拉伯国家旅游实施方案的备忘录，也有签署旅游合作协议。

七、地中海沿岸旅游带

地中海，是世界最大的陆间海，位于欧洲、亚洲、非洲之间，西经直布罗陀海峡可通大西洋，东北经土耳其海峡接黑海，东南经苏伊士运河出红海达印度洋，是欧亚非三大洲的交通枢纽，也是沟通大西洋、印度洋和太平洋间的重要通道。从古代开始，海上贸易就很繁盛，对古埃及文明、古巴比伦文明、古希腊文明的兴起与繁衍起过重要作用，成为三大文明的摇篮。地中海沿岸海岸线曲折漫长，岛屿众多，大岛屿有马霍卡岛、科西嘉岛、萨丁尼亚岛、西西里岛、克里特岛、塞浦路斯岛和罗得岛。"地中海沿岸地区"除了亚洲、非洲几个国家（列入上一节西亚－北非地区），大部分是欧洲国家，包括西班牙、法国、摩纳哥、意大利、马耳他（岛）、斯洛文尼亚、克罗地亚、波士尼亚和黑塞哥维那、马其顿、黑山、塞尔维亚、阿尔巴尼亚、希腊等。地中海区域的气候，夏季炎热少雨，冬季温和多雨，特别是冬天，北欧或德英法等国家的人就会去海边享受阳光和沙滩。地中海沿岸国家的历史都很悠久，文明古迹众多。该区域旅游资源丰富，爱琴海文明、古希腊文化和古罗马文明，为当地留下了许多文化古迹。这里气候舒适、山海湖密布、风光旖旎，加上悠久的古文明和深厚的欧洲中世纪历史文化，以及近代工业革命，留下了众多光辉灿烂的人文思想、历史古迹、文化遗产和现代化景观,吸引了全世界无数的游客,已成为世界规模最大、最具吸引力的旅游度假目的地。

长期以来,地中海沿岸的意大利、西班牙、葡萄牙、希腊、塞浦路斯、马耳他等南欧国家与中国传统关系友好,在经贸、人文等领域的务实合作成果丰硕。2013年,中国提出建设"21世纪海上丝绸之路"的合作倡议,恰巧地中海沿岸的南欧国家提出了"环地中海蓝色经济圈"的倡议,双方凭借各自的优势,在海洋领域开展了有效的合作。2015年11月,中国与南欧国家在厦门召开了首届"促进海洋合作、共筑蓝色梦想"的主题论坛,中国计划与南欧各国加强在海洋、旅游、新能源、文化创意、绿色环保等多领域务实合作,共建"21世纪海上丝绸之路"。

八、西欧–北欧旅游区

西欧指欧洲西部濒临大西洋的地区和附近岛屿,包括英国、爱尔兰、荷兰、比利时、法国和摩纳哥,通常把德国也列入西欧。西欧面积不大,国家多,海岸线十分曲折,气候温和湿润,海洋性特征显著(冬季温和、夏季凉爽),气温日较差和年较差较小,非常舒适。北欧一般包括具有主权的5个国家——挪威、丹麦、芬兰、瑞典、冰岛,北欧的绝大部分属于温带大陆性气候,冬季漫长,气温较低,夏季短促凉爽。冰岛、挪威北部属于寒带气候,丹麦、斯堪的纳维亚半岛西南部属温带海洋性气候。北欧国家的人口密度在欧洲相对较低,经济水平则最高,人均国民生产总值和人均收入均遥居世界前列,北欧均为高福利国家,国民幸福指数世界最高。北欧位于高纬度地区,气候寒冷,被北冰洋和大西洋包围,湖泊水域广布,芬兰是"千湖之国",严寒带、寒带植被茂盛、环境优美,风光独特迷人。西欧和北欧构成了欧洲西部区域,其自然和人文旅游资源异常丰富。挪威陡峻幽深的峡湾、法国景色如画的田园,风光旖旎;艺术之都巴黎,精湛典雅;古老的城堡、庄严的教堂、为数众多的博物馆,风格各异;慕尼黑的啤酒节,气氛热烈。21世纪以来,西欧和北欧已成为世界旅游业最发达的地区，吸引了世界各地游客前来观光、度假、体验，旅游业发达。

自1975年5月中国与欧洲经济共同体建立外交关系以来，中国和西欧、北欧的关系日益紧密，双方迄今已建立60多个磋商和对话机制，涵盖政治、经贸、人文、科技、能源、环境等各领域，在工业、农业、环保、质检、旅游、海关、金融、交通、卫生、社会保障等领域也开展了富有成效的对话与合作。截至2016年年底，中国已在欧盟28个成员国建立131所孔子学院和251个孔子课堂，中国高校已开齐欧盟全部24种官方语言课程。中国在欧盟国家的留学人员总数约30万人，欧盟国家共有超过4.5万人来华留学。2016年，欧洲来华旅游328万人次，同比增长10%。

九、太平洋旅游区

从我国"21世纪海上丝绸之路"倡议的未来发展视角，此处的"太平洋旅游区"仅指包括南太平洋、东太平洋的部分区域及北美洲太平洋沿岸地区，包括大洋洲、夏威夷群岛、美国和加拿大西部沿海地区，不包括前几节叙述过的亚洲东部（西太平洋）地区。

1. 大洋洲旅游区

大洋洲，中国有人称澳洲，包括澳大利亚、新西兰、巴布亚新几内亚、美拉尼西亚、密克罗尼西亚和波利尼西亚等区域，从国际地位和影响力而言，澳大利亚和新西兰是最主要的两个国家。澳大利亚位于南半球，是全球领土面积第六大的国家，不仅幅员辽阔，而且物产富饶，是南半球经济最发达的国家，全球第四大农产品出口国，也是多种矿产出口量全球第一的国家。澳大利亚拥有自己特有的生物资源和自然景观，多个城市被评为全球最适宜居住的地方。澳大利亚是一个移民国家，奉行多元文化，大约1/4的居民出生在澳大利亚以外。澳大利亚也是一个体育强国，是全球多项体育盛事的常年举办国。每年吸引无数的国际游客前来旅游观光、度假休闲,并且与邻近的新西兰等地构成了极具魅力的大洋洲旅游区。新西兰是位于太平洋西南部的一个岛国,由北岛、南岛两个主岛和其他十几个小岛组成,北岛多火山、温泉,南岛多冰川、湖泊。境内多山,河流多短而湍急。新西兰虽然历史较短,文化古迹较少,但其独特的地形地貌、刺激的户外运动、丰富的毛利文化,以及多姿多彩的都市风貌,为游客提供了多种多样独特的旅游体验。这个满布天然花园的国度,四季景色宜人,置身其中,满目苍翠绿林、仰首但见蓝天白云、延绵辽阔的沙滩和湖泊、高耸入云的丛林、攀绿田园、深谷峻岭、美不胜收的景致,犹如一幅幅不加修饰的自然风景画,令人目眩神往。

2. 美加西部沿海旅游区

美加西部沿海(太平洋)地区,包括美国西部 11 个州和加拿大西部 2 个省,是北美大陆面向亚洲大陆的门户,以温哥华(加拿大)、旧金山(美国)、洛杉矶(美国)三大都市区为核心,通过发达的航空、海上航线与亚洲各国有着密切的经济贸易、文化旅游的交流与合作。特别是自 20 世纪 60—70 年代亚洲四小龙的崛起及中国的对外开放,前往美加留学、探亲,以及进行经贸、科技、文化、政治交流的人员越来越多。北美西部沿海地区,海洋、湖泊、高山、森林、高原、草原、荒漠、繁华都市、幽静村庄构成一幅精致多彩的自然画卷。自然地理环境优美,旅游资源异常丰富,舒适的气候、清新的空气、湛蓝的天空、清澈的湖水、茂密的森林、辽阔的草场、原生态的各类国家公园,所有这些都成为亚洲游客向往的"天堂"。北美的土著历史和移民文化交相辉映,奇特的欧式建筑和别样的城市风貌、高度发达的经济、领先世界的科技、令人向往的高等学府、光怪陆离的娱乐文化吸引着亚非拉各大洲的游客前往参观、学习、考察、交流,成为国际游客的重要旅游目的地。

美加西部已成为亚洲太平洋区域的重要旅游目的地,也是我国"海上丝绸之路"的重要交流合作区域。虽然和亚洲远隔重洋,但双边的经贸文化、科技教育交流源远流长。改革开放 40 年来,我国抓住了世界产业转移和第四次产业革命(信息化)的时机,与美加形成了战略性、紧密型伙伴关系，美国成为我国最大的贸易伙伴和人员交流国家，我国赴美求学探亲、投资贸易、旅游观光、购物消费的人数一年比一年多，美加一些城市相继与我国北上广深等大中城市结成友好城市。中美两国在朝鲜核问题、伊朗核问题等地区热点问题以及反恐、防扩散、气候变化、能源、粮食安全、疾病防控等全球性问题上开展了富有成效的协调与合作。中加之间长期和全面的关系，在多层次和多领域运作，包括贸易、治理和价值观、卫生、发展、教育和文化领域。两国之间存在着密切的民间往来：加拿大拥有130多万华裔公民，11万多名中国学生在加拿大教育机构学习。中文是加拿大的第三大语言，仅次于英文和法文。在中国（包括香港特别行政区）出生的移民是加拿大移民人口最大的群体之一。

第二节　主要旅游城市

21世纪海上丝绸之路的九大旅游区域，首先是按照地理（海陆分布）位置、经济政治格局划分的综合性旅游地理区域，每个区域都包含着环境、经济、政治、文化、社会等所有的空间要素，每个区域中都包含着若干次级旅游空间形态，如旅游风景区、旅游度假区、旅游城市，既有海洋型的旅游区域，也有陆地型旅游区域。从区域旅游合作的要素看，最基础的旅游经济组织是各级各类旅游企业，最基本的旅游空间载体是旅游景区景点和旅游城市，最直接的旅游活动方式是各类旅游项目及游客活动。城市是区域的中心，城市在区域经济社会文化活动中起着组织（集散）、指挥（中枢）和纽带（沟通）作用，城市是海上丝绸之路旅游合作发展的核心，特别是旅游城市更是起着不可替代的作用，其本身就是旅游区域，也是区域旅游集散中心，本节将介绍21世纪海上丝绸之路的主要旅游城市。

一、我国的主要旅游城市

海上丝绸之路是中国自西汉陆上丝绸之路开通之后不久,新开辟的又一条与世界各国进行文化和贸易往来的海上交通线。中国漫长的海岸线上坐落着的蓬莱、扬州、宁波、福州、泉州、漳州、广州、北海等城市是我国最主要的"海丝"城市,它们奠定了海上丝绸之路的发源和兴盛。在世界进入近代以来,随着东西方经贸、文化交流的频繁和深入,不仅这些"古老海丝城市"日益焕发生机,而且兴起了更多的"新海丝城市"。21世纪"海丝",我国圈定的是福建、广东、浙江、海南、上海5省市,我国将重点加强上海、天津、广州、深圳、湛江、汕头、青岛、烟台、大连、福州、厦门、泉州、海口、三亚等沿海城市的建设,强化上海、广州等国际枢纽机场功能。这些"海丝"城市,不仅具有经济文化功能,也具有观光游览和休闲游憩功能,具有很强的旅游吸引力和文化感召力,在推动中外经贸文化交流中起着重要作用。因此,21世纪海上丝绸之路,我国的旅游城市自北到南有:大连、天津、蓬莱、烟台、青岛、连云港、扬州、南京、嘉兴、湖州、上海、宁波、福州、厦门、泉州、漳州、汕头、广州、深圳、香港、澳门、珠海、江门、湛江、海口、三亚、北海、台北、高雄。

其中大连、青岛、南京、上海、宁波、福州、厦门、广州、深圳、香港、澳门、珠海、湛江、海口、三亚、北海都是我国著名的旅游城市和中国优秀旅游城市,在区域旅游发展中起着核心和带领作用。大连、青岛带动环渤海区域旅游融入"海丝",南京、上海、宁波引领长江三角洲旅游区融入"海丝",福州和厦门引领海峡西岸旅游区与台湾地区(以台北和高雄为核心)一起融入"海丝",广州、香港、澳门引领珠江三角洲旅游区融入"海丝",海口、三亚、北海带领北部湾和南海融入"海丝"。这样,便可在我国东南部沿海,通过5个旅游城市群,带领5个旅游区参与21世纪海上丝绸之路的中外旅游合作和文化交流。

第三章 21世纪海上丝绸之路的旅游地域空间组织

二、东北亚主要旅游城市

东北亚区域包括中、日、韩、朝、俄5个国家，主要的旅游城市有中国的大连、丹东、延吉，朝鲜的平壤，韩国的首尔、仁川、济州、庆州、釜山，日本的东京、大阪、京都、冲绳、福冈、奈良、名古屋，俄罗斯的符拉迪沃斯托克。其中大连、平壤、首尔、济州、东京、京都、冲绳、札幌、符拉迪沃斯托克是国际旅游名城，也是21世纪海上丝绸之路的重要旅游城市。

三、东南亚重要旅游城市

东南亚（东盟）十国包括：马来西亚、印度尼西亚、泰国、菲律宾、新加坡、文莱、越南、老挝、缅甸和柬埔寨。主要的旅游城市有：马来西亚的吉隆坡、槟榔屿（槟城）、马六甲、怡保、新山，印度尼西亚的雅加达、棉兰、万隆、巴厘岛，文莱的斯里巴加湾市，泰国的曼谷、清迈、普（布）吉、芭提雅，菲律宾的马尼拉、宿务、奎松、达沃，新加坡，越南的河内、下龙市、胡志明市、芽庄、顺化、会安，老挝的万象、琅勃拉邦，缅甸的仰光、曼德勒，柬埔寨的金边、西哈努克市。其中新加坡、吉隆坡、雅加达、马尼拉、巴厘岛、曼谷、清迈、槟榔屿、下龙市是国际著名旅游城市。东南亚的旅游城市皆因热带（海滨）风光旖旎或宗教文化浓厚而著名。

四、南亚主要旅游城市

南亚国家包括孟加拉国、不丹、印度、马尔代夫、尼泊尔、巴基斯坦、斯里兰卡、阿富汗，主要旅游城市有印度的新德里、加尔各答、孟买，马尔代夫的马累，巴基斯坦的伊斯兰堡、卡拉奇，斯里兰卡的科伦坡、加勒。其中加尔各答、卡拉奇、科伦坡是吸引世界各国游客的重要旅游城市，马尔代夫是珊瑚岛国，首都马累规模和人口不大。南亚国家的经济欠发达，工业化和城市化水平不高，城市景观的城市旅游吸引力相比东南亚和西亚-北非的旅游城市逊色不少。

五、西亚-北非主要旅游城市

西亚-北非的国家有土耳其、叙利亚、伊朗、伊拉克、科威特、沙特阿拉伯、约旦、黎巴嫩、以色列、巴勒斯坦、阿拉伯联合酋长国（阿联酋）、卡塔尔、巴林、也门和非洲的埃及、利比亚、阿尔及利亚、摩洛哥、突尼斯、索马里、肯尼亚等。主要旅游城市有土耳其的伊斯坦布尔、阿卡拉，叙利亚的大马士革，沙特阿拉伯的麦加、麦地那，约旦的安曼，以色列的耶路撒冷、特拉维夫，阿联酋的迪拜、阿布扎比，卡塔尔的多哈，埃及的开罗、亚历山大、沙姆沙伊赫，利比亚的的黎波里、班加西，突尼斯的突尼斯城，摩洛哥的卡萨布兰卡。其中耶路撒冷、麦加、麦地那、特拉维夫、伊斯坦布尔、迪拜、开罗、亚历山大、卡萨布兰卡、内罗毕是闻名世界的旅游城市。有的是因悠久浓厚的宗教历史文化著名，有的是因现代化的建筑设施闻名，有的则是因海滨风光而享誉世界。

六、地中海沿岸重要旅游城市

地中海沿岸欧洲国家包括西班牙、法国、摩纳哥、意大利、马耳他（岛）、斯洛文尼亚、克罗地亚、波斯尼亚和黑塞哥维那、马其顿、黑山、塞尔维亚、阿尔巴尼亚、希腊等。主要旅游城市有西班牙的马德里、巴塞罗那，法国的马赛、波尔多、尼斯，意大利的罗马、威尼斯、米兰、佛罗伦萨、热那亚，马耳他（岛），塞尔维亚的贝尔格莱德，希腊的雅典、奥林匹亚、帕特雷、克里特岛、斯巴达。这些旅游城市或者有悠久的历史、雄伟的古建筑、众多的文物古迹，或者有优美的海滨风光、发达的工商业和艺术文化、时尚潮流,吸引着全世界无数的游客前来观光、考察、购物、度假。其中最著名的旅游城市是罗马、威尼斯、佛罗伦萨、巴塞罗那、雅典,代表着欧洲历史文化的精髓。

七、西欧-北欧主要旅游城市

西欧-北欧的国家有英国、爱尔兰、荷兰、比利时、卢森堡、法国、摩纳哥和德国,主要旅游城市有英国的伦敦、曼彻斯特、爱丁堡、利物浦、谢菲尔德、牛津、剑桥,荷兰的阿姆斯特丹、鹿特丹,比利时的布鲁塞尔、安特卫普,卢森堡的卢森堡市,法国的巴黎、里昂,德国的柏林、慕尼黑、法兰克福、科隆、不来梅、斯图加特、汉堡和纽伦堡。西欧-北欧旅游城市,主要因其工业革命的遗存物、发达的工商业文化、高质量的现代大学而闻名于世,代表着欧洲近代历史文化。重要的旅游城市有伦敦、牛津、剑桥、巴黎、法兰克福、汉堡。

八、大洋洲和北美西部主要旅游城市

大洋洲的国家主要是澳大利亚和新西兰,主要旅游城市有悉尼、堪培拉、墨尔本、布里斯班、珀斯,新西兰的惠灵顿、基督城。主要以怡人的风光、优美的建筑和艺术著名,对亚洲和美洲国家的游客有很强的吸引力,特别是对中国游客。北美西部区域包括美国、加拿大两国,主要旅游城市有温哥华、西雅图、旧金山、洛杉矶、圣地亚哥、拉斯维加斯、檀香山(美国夏威夷州首府)。这些旅游城市以发达的经济、优美的环境、舒适的生活、多元化的建筑和艺术设施、现代娱乐文化吸引着世界各国游客,尤其对大洋彼岸的东方文化国家的游客(特别是中国游客)更加具有吸引力。

在近代以来,随着中国国内战乱和局势动荡,许多人"下南洋"、漂洋过海远涉重洋去美洲大陆谋生,100多年来,数千万的华人在大洋洲和

美洲"落地生根",生儿育女,繁衍至第三代、第四代。在这些城市里聚居,在西方世界里形成了独特的"中国城"(唐人街)。在这些华人华侨中,尤以广东、香港、福建籍最多,他们是人在异国他乡、心系中华民族的海外赤子。百年来,特别是中华人民共和国成立后的改革开放以来,他们沟通中西方、联系海内外,为我国的对外开放和现代化建设做出了巨大贡献,他们是延续"海丝"生命力的宝贵社会财富,是21世纪海上丝绸之路持续健康发展的强大生力军,是实现中华民族伟大复兴的中国梦的可靠助手。

第三节 主要旅游线路

21世纪海上丝绸之路,承接古老的丝绸海路,千百年来,无数的中外人士行走在这条"丝路"上,交流着中外经济与文化。随着地理大发现及欧洲资本主义萌芽与兴盛,"海丝"上互动交流的内容越来越丰富,及至当代,"海丝"沿线国家和地区在商业、经济、科技、环境、法律、文化、旅游等各个领域都有了越来越广泛、深入的交流与合作。中国提出的"创新、协调、绿色、开放、共享"的发展理念逐渐被"一带一路"各国接受,多层次、多元化、多领域的合作正推向深入。21世纪海上丝绸之路,已成为一条风光无限、文化灿烂的景观海路,一条中国与各国和平往来、共享共赢的旅游之路。从旅游资源、产品空间分布特征及有利于中外旅游合作发展的趋势看,从我国出发,到达"海丝"各国各地区的旅游线路主要有以下两类。

一、按空间距离不同形成的远中近程旅游线路

21世纪海上丝绸之路,始于我国东部沿海,向东、向南分别经过太

平洋和印度洋，到达北美、西亚、地中海和欧洲，总体上分为这两条主游线。但是，根据旅游者的时间和条件限制及旅游行为的周期性往返特点，又可以分为远中近程旅游线路（或长中短途旅游线路）。以广东为例（含粤港澳湾区和北部湾两个出发地），"海丝"的旅游线路有以下三种。

1. 近程旅游线路

（1）广东—东南亚游线，这条线路由广东出发，到达新（加坡）马（来西亚）泰（国）、越南、菲律宾、印度尼西亚等国。旅游类型包括自然山水游赏、会展商务考察、滨海度假休闲、宗教文化探幽、热带都市观光、华人（侨）探亲访友。

（2）广东—东北亚游线，由广东出发，到达日（本）、韩（国）、朝（鲜）、俄（罗斯）。旅游类型包括山水风光游赏、都市文化观光、商务考察交流、民族文化体验、生活习俗品鉴。

2. 中程旅游线路

（1）广东—南亚游线，由广东出发，到达印度、孟加拉国、斯里兰卡、巴基斯坦、伊朗、阿联酋、沙特阿拉伯、也门、伊拉克等国。旅游类型包括热带风光游赏、沙漠风情体验、海洋度假休闲、异国文化考察。

（2）广东—大洋洲游线，由广东出发，到达澳大利亚、新西兰等南太平洋诸岛（国）。旅游类型包括海洋风光游赏、都市文化观光、商务会展考察、海岛度假休闲、岛屿土著人文化体验。

（3）广东—夏威夷群岛，由广东出发，到达夏威夷（美），游览群岛，欣赏太平洋中部海（洋）（群）岛旖旎风光，体验殖民地文化。

3. 远程旅游线路

（1）广东—北非—欧洲游线，由广东出发，到达地中海沿岸和西欧－北欧各国：土耳其、希腊、以色列（巴勒斯坦）、约旦、叙利亚、塞尔维亚、斯洛文尼亚、意大利、法国、西班牙、埃及、突尼斯、摩纳哥、阿尔及尔、利比亚、索马里、肯尼亚、德国、荷兰、比利时、卢森堡、英国、丹麦、芬兰、挪威、瑞典、冰岛等。旅游类型包括地中海风光游赏、滨海度假休闲、人文历史研学、宗教文化考察、商务会展购物、建筑与艺术鉴赏、名人故居探访、生活习俗品位、沙漠环境和极地气候体验。

（2）广东—北美游线，由广东出发，到达北美的美国、加拿大西海岸地区。旅游类型包括海洋风光游赏、都市风情品位、商务考察交流、生活习俗体验、休闲购物消费、华人华侨探访、蜜月度假娱乐、美国西部探秘。

二、按出游动机和旅游方式不同形成的旅游线路

就旅游者的出游动机和旅游方式而言，在时间和费用允许的条件下，游程长短、远近就有多种选择，因而21世纪海上丝绸之路，也可以根据旅游者出游动机和旅游方式的不同，形成多种单一或组合式的主题旅游线路。

1. 自然风光观赏旅游线路

海上丝绸之路沿线，是沿着亚欧大陆边缘、陆地和海洋交汇地带，由中国依次经过东南亚、南亚、西亚－北非、地中海，穿越了亚热带、热带、温带、亚寒带等，纵跨北、南半球，到达欧洲的一条经贸往来、文化交融、政治交流、民间互动的国际路线。沿线国家和地区，有山有水、有海有陆，自然地理环境相差巨大、气候物产丰富多样、自然风光特色各异，是上帝赐给世界各国游客的一条充满无穷魅力的自然风光观赏旅游路线。如我国广东沿海的汕头、惠州、深圳、珠海、香港、阳江、湛江，海南岛，广西北海，滨海风光优美动人，令中外游客流连忘返。东南亚各国热带海洋景观、滨海海滩和海岛风光无限，犹如人间仙境，是欧美国家游客最青睐的观光地。印度洋中的马尔代夫、斯里兰卡，其地中海沿岸滨海风光，更有另一番情趣，吸引着成千上万的国际游客蜂拥而至。从中国出发，无论是去东南亚、东北亚，还是去南亚、地中海，或者是远涉重洋去西欧、北欧，每一条旅游线路都适合观赏自然风光，领略大自然的造化，了解所到国家的自然地理面貌，增进对旅游目的地国家的了解，增长自己的世界地理知识，畅游"海丝"、欣赏风景、陶冶性情，于己于国都是有

益之事。

2. 人文历史考察旅游线路

"海丝"沿线国家和地区，既有历史悠久的四大文明古国，也有近代独立的民族国家，既有东方几千年历史的亚洲国家，也有古老历史的欧洲国家，既有经济发达的资本主义国家，也有欠发达的非洲和亚洲国家。没有两个国家或地区在经济、政治、文化、社会生活、民风民俗、人文地理方面是一样的，而且千差万别、异彩纷呈、各具魅力。21世纪"海丝"是一幅世界的"清明上河图"，是一个人类社会生活的大熔炉，是一个万国"风情博览园"。行走在"海丝"上，就是进入了世界民族"大观园"，进行世界人文地理的"大采风"，进行深度的人文历史考察。东南亚国家的开放民族风格和热带生活风情，东北亚国家的冷峻民族性格和严谨生活，南亚国家勤劳质朴的民族精神和简约的社会生活，西亚－北非国家虔诚的宗教信仰和执着的民族精神，欧洲国家浪漫的民族气质和富裕的物质生活，等等，对中国游客都具有独特的吸引力。

3. 滨海度假休闲旅游线路

"海丝"沿线绝大多数是海陆兼备的国家和地区，也有海洋上的岛国，"海丝"经过的"节点"都是沿海港口、滨海城市、岛屿。沿线区域都是地球上海陆空相交汇地带，环境资源最丰富、景观最复杂、景色最优美，旅游资源种类丰富、奇特壮美，是世人向往的人间天堂。东南亚的马来西亚、印度尼西亚、菲律宾、新加坡都是岛屿众多的国家，印度洋上的马尔代夫、斯里兰卡，大洋洲的澳大利亚、新西兰、斐济、汤加，太平洋中部的夏威夷群岛，地中海的亚平宁半岛、众多小岛，等等，都是世界级的旅游度假地，像中国的海南岛、泰国的普吉岛、印度尼西亚的巴厘岛、菲律宾的长滩岛、马尔代夫的各个海岛（如双鱼岛、天堂岛、满月岛、蜜月岛、卡尼岛、班多士岛）、大洋洲中的塞班岛、地中海中各个岛屿（西西里岛、撒丁岛、塞浦路斯、科西嘉、克里特岛），北冰洋的冰岛都是国际知名度假胜地，吸引着世界各国无数的旅游者。21世纪海上丝绸之路是一条国际高端的滨海度假休闲旅游线路，吸引了世界最大量的度假旅游游客群体，其中东南亚和地中海是世界最大的两个度假旅游目的地。

4. 都市风情体验旅游线路

海上丝绸之路，一条"丝绸"串起来千百个城市"明珠"，安放在蔚蓝色的星球上面，熠熠生辉，光耀宇宙。行走在"海丝"上，仿佛在采摘一颗颗人类历史文化长廊中的珍珠，每一颗都是一个小小的迷宫，从中可以洞察到一个个奥秘丰富的风情世界。在"海丝"上的各国城市，既有国家首都城市，代表了该国的政治中心，拥有最完善的建筑设施和服务设施，最具该国的文化和形象；也有经济中心和交通中心城市，拥有发达交通运输体系和完备的经济系统，产业和基础设施先进；也有某个国家最大的综合性城市和历史最悠久的历史文化名城，拥有该国悠久的文化传统和文物古迹；还有以风景见长的旅游观光城市，拥有该国最优美的自然环境和独特景观；也有以宗教信仰为特色的"圣城"，拥有最多的标志性的神圣宗教建筑及设施，成为世界宗教信仰者向往的宗教圣地。因此，21世纪海上丝绸之路，是一条集中展示世界城市景观和都市文化的"风情长廊"，是一条值得各国游客探寻的都市风情旅游线路。

5. 宗教信仰朝圣旅游线路

海上丝绸之路不仅是旅人与货物的通道，还是佛教、伊斯兰教、基督教等宗教进入中国的重要渠道。"海丝"沿线既有佛教文化浓厚的亚洲国家，也有虔诚信仰伊斯兰教的阿拉伯国家，还有笃信基督教的欧洲和中东国家，各种宗教信仰相互影响、相互角力，影响到国家、地区、民族和社区间的关系。妈祖作为中国的海神，源于海上丝绸之路的起点城市泉州，所形成的妈祖信仰是中国最有代表性的一个民间信仰，通过沿海城市经海上丝绸之路远播海外。佛教起源于印度，盛行于东南亚和南亚，从印度传入中国，有学者认为最早就是借丝绸之路传来，也有学者认为最早借海上丝绸之路传来。东晋的法显为求佛法，从丝绸之路到达印度，并由海上丝绸之路到斯里兰卡并返回中国。基督教产生于中东地区，首先在中东、欧洲传播，后沿着丝绸之路传入中国（包括台湾和香港地区）和东方国家（韩国、新加坡、日本、马来西亚、印度尼西亚、菲律宾），如今成为世界上最大的宗教信仰。此外还有东正教、犹太教、道教以及各国民间宗教。世界几大宗教在"海丝"的各国都有传播，拥有数以亿计的信徒，包括各民间宗教的小宗教也是无所不在。有的国家和地区，同时有多种宗教并存，在某一或某几个主要宗教主导下同时并存。历史表明，海上丝绸之路是世界上宗教类型最多、宗教形态最复杂、宗教关系最紧张的"宗教传播交流之路"，是对宗教感兴趣的游客了解世界宗教、开展信仰朝圣的理想旅游线路。

6. 艺术文化交流旅游线路

几千年的海上丝绸之路，东西方交换的是各国精美的商品和货物，传递的是民族的智慧和思想，沉淀的是艺术和文化。千百年来丝绸之路上所交流的，从草原之路的青铜、玻璃、羊毛、小麦、玉石，到沙漠之路的丝绸、黄金、银器、玻璃、美酒，再到海上丝路的各种布匹、香料、瓷器、染料等，无不代表着中华民族的智慧和文化，传达着中华民族对美好生活的热爱和向往。"海丝"各国也各有自己的民族生活、艺术成就和文化传统，有不少已成为时代经典和传世之作，仿佛人类在黑暗时代的光辉，照亮天空、点燃智慧、激活灵魂、唤醒人性。如欧洲古罗马建筑、中世纪的教堂、启蒙运动的思想、莎士比亚的文学、达·芬奇的作品、贝多芬的音乐等。人们在中外"丝路"交流中，互相借鉴、互相学习、共同进步。西方的思想文化、科技艺术成就，如建筑、音乐、美术、数学、天文、地理、航海、历法、文学等，也通过西方来华的使节、商团、传教士传播到中国。徜徉在"海丝"国家的城市乡村，能够欣赏、感受到各国各民族的艺术和文化创造力，能够惊叹于人类智慧的伟大，不仅增长知识、扩大见识，更能增强敬仰历史、热爱生活、向往和平的情感。随着中国经济的崛起和国际地位的提升，中国文化的世界影响力正逐步提高，文化自信，让中国古老、优秀的艺术和文化复兴，再次影响世界，为人类的和平发展与进步做出更大的贡献。21世纪海上丝绸之路，无疑是一条最佳的艺术和文化交流、学习旅游线路。

7. 生活习俗感悟旅游线路

"海丝"就是一个世界各民族生活方式与民俗风情的万花筒，不同的国家和民族，有着不同的生活方式和民风民俗，海上丝绸之路的国家，生活和习俗千差万别。在语言文字、饮食起居、服饰妆饰、婚丧嫁娶、劳作闲暇、娱乐消遣、社交方式、礼仪规范、节日庆典、图腾崇拜、信仰禁忌等方面独具特色。徜徉在"海丝"不同国家和地区，就能够体会、感悟到人类生活的宏大魅力和细微精彩。从广东出发，到东北亚国家，就可以品尝到韩国和日本的料理、穿上日本的和服、吃到韩国的泡菜。到东南亚，绝不能骑在佛像上拍照，不要摸小孩的头，被邀请吃饭不必客气，留长发的男人不能入境。到了欧洲，则要留意各国的民情风俗，如法国，在博物馆和教堂不要用带有闪光灯的相机拍照；对待女士要优先，无论何时都要为女性让道、开门、让座、先行（法国绅士风度）。德国人守纪律、讲整洁、守时间、喜清净、待人诚恳、注重礼仪。英国人最忌讳别人谈论男人的工资和女性的年龄；在英国旅游，切记不要当众打喷嚏、跷二郎腿，不要从梯子下面走过，或者在屋子里撑伞；在谈话时不要以皇室的家事作为笑料。西班牙人强调个人信誉，宁愿受点损失也不愿公开承认失误，如果无意中帮助了他们而使他们免受损失，那么你便永久地赢得了友谊和信任。荷兰人曾是欧洲最正统的民族，爱清洁、讲秩序，做生意时希望你在到达荷兰前就事先约定，性格坦率、开诚布公。葡萄牙人很像希腊人，随和、喜欢社交，尽管天气热也穿着西装。比利时人爱把做生意和娱乐结合在一起，喜欢招待别人，也喜欢被别人招待。希腊人做生意方法比较传统，讨价还价随处可见。爱尔兰人，忌用红、白、蓝色组合（英国国旗）。意大利人，比德国人少一些刻板，比法国人多一些热情。总之，21世纪海上丝绸之路，就是体验、感悟世界各国各民族生活习俗和民族风情的旅游采风之路。

8. 商务会展购物旅游线路

"海丝"沿线几十个国家，有高度发达的北欧－西欧、北美和大洋洲等地的一些国家，有发达的地中海沿岸国家，有发展中的大国中国、俄罗斯、印度（金砖国家），有欠发达的南亚和东南亚国家，以及落后的北非利比亚、肯尼亚等国家。经济的梯度和层次，为各国的商贸交流和经济合作提供了可能性。事实上，千百年来，商品交换、商务考察、投资贸易的交流就是"丝路"的主要内容，在产业、经济、科技、文化的合作是21世纪"海丝"合作的基础和最重要领域。中美、中日、中韩、中印、中新、中加、中英、中法、中德、中阿、中国－东盟、中欧等之间的经贸、商务交流活动从来就没有间断过，伦敦、巴黎、夏纳、威尼斯、柏林、汉诺威、法兰克福、马德里、巴塞罗那、迪拜、新加坡、香港、上海、深圳、广州、悉尼、东京、旧金山、洛杉矶等都是世界著名会展商务城市，每年都有各级各类国际会议、展览、赛事在这些城市举行，有力地促进了地方的、区域间的、国际的经贸、商务、会议、科技、文化、学术交流。这些城市既是国际性的中心城市（贸易中心、金融中心、科技中心、商务中心、交通中心），也是国际旅游城市，通过举办会展商务活动，吸引各国各界人士前去开展商务考察、经贸交流、文化互访、科技协作、观光购物等。21世纪海上丝绸之路是商务会展旅游的黄金线路，蕴藏着巨大的商机，对目的地国家的旅游接待服务业起着重要的支撑作用，是世界旅游产业的最大贡献者。

9. 华人华侨探访旅游线路

千百年来，经由"海丝"出国的中国人经历数代传承，有不少留在了海外，成为华侨，他们虽然生活在异国他乡，但仍然留着华人的血脉，存留着中华民族的印记和情怀。如今海外的华人华侨有数千万，与祖国仍然保持着血肉联系，特别是在国难时期和改革开放以来，华人华侨更是心系家国、情系中华，为国家独立、民族振兴付出了巨大的牺牲。他们在海外，创立家业、生儿养女，为侨居国的繁荣和发展做出了重大贡献，有的成为侨居国的重要阶层人士、精英分子、社会栋梁，受到了侨居国政府的表彰和人民的尊崇，如李光耀、陈嘉庚、骆家辉、杨振宁、李政道、丁肇中、李小龙等。

近20多年来，中国海外新移民呈加速度递增趋势，截至2016年，世界华侨华人总数约 4543 万。不仅使世界各地特别是美国、加拿大、澳大利亚及欧洲、非洲等的华侨华人数量激增,而且迅速改变了当地华人社会的格局。在北美,具有逾 50 万华人的都会有纽约、多伦多、旧金山湾区、洛杉矶、温哥华等地。东南亚是最大的传统华人聚居区,华人新移民数量高达 400 万,华人数量在百万以上的聚居都会区有新加坡、曼谷、吉隆坡、雅加达等。改革开放国门打开后,海外华人华侨与祖国的联系越来越多、越来越密切,华侨常常回国探亲访友、寻找故里、投资家乡经济建设、兴办教育、慈善等公益事业。国内的亲人也纷纷出国寻找亲人,入境游和出境游中的大部分是基于中华儿女一家亲的探亲访友旅游,这也成为"海丝"源源不断延续的民族"经络",21 世纪海上丝绸之路,就是一条华人华侨探访旅游的线路,具有无比的吸引力和持久的生命力。

10. 其他专项活动旅游线路

"海丝"除了以上九个方面的旅游线路外,也是国内外寻求"乐、新、奇、特、险"旅游体验的专项特色旅游线路。美国的赌城拉斯维加斯,一些富豪赴赌城举行婚礼、蜜月度假,或者专程参赌以求刺激;一些游客追求海洋漂流、海底探险、横渡大洋的旅游经历,以实现"挑战自然、挑战自我、实现价值"的目标;一些游客则想体验冰岛的寒冷气候、欣赏北欧极圈内的奇特自然景观(极昼极夜、极光),因而不惜千辛万苦、冒险远赴极地探幽寻秘;还有游客则对神秘的朝鲜感兴趣,远赴东北亚,进入朝鲜,一览这个全球最封闭的特立独行的国家的国民生活和社会环境。此外还有近年来兴起的邮轮旅游、研学旅游、登(太平洋)无人岛旅游等,也是"海丝"上非常受旅游者青睐的潜力巨大的旅游线路。

第四章

21世纪海上丝绸之路广东旅游发展战略

"21世纪海上丝绸之路"倡议的提出，为新时代广东省、粤港澳大湾区的发展带来了崭新的历史机遇。"21世纪海上丝绸之路"的振兴，旅游先行，广东引领"海丝"发展，旅游大有作为。21世纪广东旅游发展，要放在粤港澳大湾区和中国－东盟自由贸易区的大区域背景下，练好内功、提升质量，加强合作、再续远航。确定战略目标：广东——中国旅游综合改革示范区与创新发展先行区，粤港澳珠三角——"21世纪海上丝绸之路"无障碍旅游区和东南亚优质休闲生活区，粤港澳大湾区——世界级旅游目的地。明确战略重点：加快广东省内区域旅游协调发展、形成合力；深化粤港澳大湾区旅游合作、提升湾区整体实力；重点发展海洋度假旅游、历史文化旅游和都市商务旅游；重点开发东南亚和欧美旅游市场，充分发挥广东侨乡优势，大力发展华人华侨旅游市场；发展对策，建设"粤港澳大湾区世界级旅游目的地"，与桂、琼、闽、台合作形成中国"海丝"旅游区，参与"21世纪海上丝绸之路"沿线国家和地区多层次区域旅游合作体系的构建，构筑横跨世界的"21世纪海上丝绸之路"旅游带。

第四章　21世纪海上丝绸之路广东旅游发展战略

第一节　广东旅游发展战略机遇

一、世界政治经济格局变化

从20世纪90年代初开始，随着东南亚经济的快速增长和中国经济的迅速崛起，全球经济的重心从大西洋地区向亚太地区转移的趋势越来越明显，100多年前的预言，"地中海是过去主宰性的海洋，大西洋是恰逢其时的海洋，太平洋则是未来的海洋"，已经成为现实。2008年国际金融危机和随之的欧债危机发生后，欧美发达国家的经济出现严重衰退，更进一步促进了世界政治经济中心向东转移，使得亚太地区在世界经济格局中占据的地位愈发重要。同时，亚太地区的经济格局也出现了新的变化。

如果从大亚太区域讲，正如习近平主席在2014年北京APEC工商领导人峰会上所指出的那样：亚太地区的人口占世界人口的40%、经济总量的57%、贸易总量的48%，是全球经济发展速度最快、潜力最大、合作最为活跃的地区，是世界经济复苏和发展的重要引擎。未来10年，以"金砖五国"为代表的新兴经济体依然会保持年均5%以上的增长速度，中国更可以保持7%左右的较高增长，是新兴发展中国家最主要的发展动力。在世界经济舞台上，中国的发展也已从世界边缘走向世界中心。

亚太地区成为21世纪世界政治经济文化的中心，为亚洲各国迎来了难得的历史时期，特别是沿海国家的沿海地区更是首先受到影响，成为最大的受益者和亚太舞台的主角。亚太地区越来越频繁、越来越高规格、越来越高层次的政治互访、经济互动、文化互通将有力地促进人流、物流、资金流、信息流，"大沟通、大联通、大物流、大人流、大资金、大开发"，必然带来旅游发展的"大产业、大服务、大市场"格局形成。广东省作为海上丝绸之路的起点、近代中国革命的发源地、中国改革开放的前沿地区和中国－东南亚经济区的"桥头堡",获得了其他地区无法比拟的"天时地利人和"优势,展望21世纪,粤港澳大湾区和广东旅游业将迎来新的历史机遇。

二、区域合作与发展潮流

由于WTO的多哈回合谈判举步维艰,成果有限,全球多边贸易发展进程受阻,各国纷纷转向寻求决策过程相对更有效和对象选择灵活性更强的双边和区域经济合作,在世界范围内推动区域经济一体化的第三次发展浪潮。其中最为引人注目的是美国在亚洲积极推动建立跨"太平洋伙伴关系协议"(TPP)的谈判,2013年年初又与欧盟启动了"跨大西洋贸易与投资伙伴关系"(TTIP)谈判。日本除了宣布加入美国TPP谈判外,还与中、韩、东盟等国家和国际组织进行自贸区谈判。美国等西方大国在亚太地区强力推动TPP,成员包括澳大利亚、文莱、加拿大、智利、日本、马来西亚、墨西哥、新西兰、秘鲁、新加坡、美国和越南。东盟则在积极推动以其为首的"区域全面经济伙伴关系协定"(RCEP),目前东盟十国、中国、澳大利亚、印度、日本、韩国、新西兰等16方已经完成了RCEP的多轮谈判,在货物、服务、投资及协议框架等广泛的问题上取得了积极进展。

中国作为政治大国和经济大国,无论是从全球战略还是从地区战略的角度,都需要建立以自身为核心的区域经济一体化战略。中国在加入WTO以后,积极加强与东亚各国的经济联系,推进经济区域化进程。目前中国正与五大洲的30多个国家和地区建设近20个自由贸易区。时至今日,中国倡议的"一带一路"的合作机制已有上海合作组织(SCO)、中国－东盟"10＋1"、亚洲太平洋经济合作组织(APEC)、亚欧会议(ASEM)、亚洲合作对话(ACD)、亚洲相互协作与信任措施会议(CICA)、中阿合作论坛、中国－海合会战略对话、大湄公河次区域(GMS)经济合作、中亚区域经济合作(CAREC)等。"一带一路"的区域、次区域相关的国际论坛、展会以及博鳌亚洲论坛、中阿合作论坛、中非合作论坛、中拉合作论坛、中国－东盟博览会、中国－亚欧博览会、欧亚经济论坛、中国国际投资贸易洽谈会，以及中国－南亚博览会、中国－阿拉伯博览会、中国西部国际博览会、中国－俄罗斯博览会、前海合作论坛等平台，沿线国家地方、民间发掘"一带一路"历史文化遗产，联合举办专项投资、贸易、旅游、文化交流活动。

21世纪区域合作与发展潮流正席卷全球并呈现出新的格局和特点。在这个世界潮流中，我国内地、香港、澳门和台湾应该构成最紧密的核心层，东盟和东北亚国家是紧密联系层，海上丝绸之路沿线国家则是一体化的外延层。作为21世纪我国参与全球区域合作最紧密核心层的粤港澳和广东省，既拥有了旅游对外合作发展的天然机遇，也负有更大的责任和担当。旅游作为各国各民族民间往来、文化交流的和平事业，在沟通中外、消除隔阂、融通世界，维护世界和平的千年大业中，具有极大的比较优势和广阔的美好前景。

三、海上丝绸之路历史变迁

海上丝绸之路历经千年，对世界经济交往和人类文明交流起到了巨大的促进作用，"海丝"的变迁史就是人类发展史。西方工业革命后的世界政治经济发生了前所未有的变化，在近代、当代世界政治经济的新格局中，"海丝"的内容与形式、层次与效应也发生了很大变化，"21世纪海上丝绸之路"的建设，可望掀起新一轮的也是新形式的对外开放。

2015年2月11—12日，国务院新闻办公室在泉州召开"21世纪海上丝绸之路国际研讨会"，以"打造命运共同体，携手共建21世纪海上丝绸之路"为主题，将设三个圆桌会议，议题分别是"海上丝绸之路：价值理念与时代内涵""共同建设、共同发展、共同繁荣""抓住发展新机遇，拓展合作新空间"。21世纪海上丝绸之路提供了一个包容性巨大的发展平台，把快速发展的中国经济同沿线国家的利益结合起来。我们应秉持亲、诚、惠、容的周边外交理念，集中力量办好这件大事。

21世纪海上丝绸之路是和平合作、开放包容、互学互鉴、互利共赢的人类文明交往纽带，从官方到民间应形成广泛的"丝路精神"共识，营造决策共赏的良好氛围，在"和平发展、和谐世界"的大背景下，实现"政策沟通、道路联通、贸易畅通、货币流通和民心畅通"。21世纪海上丝绸之路要回归本色，通过沿线国家的共同努力，把新丝绸之路建设成为一条文明、繁荣、和谐、美丽、幸福之路。中国作为经济强国和文化大国，将成为世界文明进步的重要力量。

21世纪海上丝绸之路的建设，再一次将广东省推上了世界经济舞台的前台，迎来了千载难逢的历史机遇。从地理上看，广东是我国大陆海岸线最长的省份，区位上辐射东南亚、南海、大洋洲、南亚、中亚等广阔区域，居于从韩国到新西兰的西太平洋经济带的核心位置，并且临近香港、新加坡等丝绸之路核心城市；从人文历史上看，广东是古海上丝绸之路的始发地，"下南洋""走世界"历史悠久，广东华侨遍布全球，在丝路沿线不少地区形成了强大的经济和文化影响力。多少年来，无数中外人士就是通过广东进出中国国门、"畅游"世界，无论是商业贸易、文化交流、政治互访、人文交流，都在"旅途"上，都是在进行中外的自然环境、历史文化、景观建筑、人文社会、风俗民情的观赏、考察、体验与感悟。广东名副其实地成了中国对外开放的"窗口"、中外交流的"门户"，成为"中国景区"的大门、中外旅游交流的"集散地"，21世纪广东旅游发展继往开来，再次拥有了无限的机遇。

四、中国南海和粤港澳大湾区的崛起

近年来，随着美国重返亚洲及对南海问题的涉入，使得南海局势呈现出第二次世界大战（以下简称"二战"）以来又一次的紧张、复杂，南海问题在我国地缘政治和对外战略中更显突出和重要。我国在坚持主权和领土完整的国家利益基础上，秉持亲、诚、惠、容的周边外交理念，积极妥善处理与南海周边国家的关系,在"一带一路"倡议下,谋求与海上丝绸之路沿线国家的睦邻友好、和平共处、开放共享,建立亚洲命运共同体,推动世界和平与人类进步。在21世纪海上丝绸之路的框架下,我国加强了与东盟国家的经贸、旅游合作与人文交流,中国－东盟自由贸易区和中国－东盟经济圈正在向纵深推进。中国南海已成为亚太地区一个国际关系较为复杂、挑战与机遇并存的区域,随着我国21世纪海上丝绸之路的推进,中国南海将迅速崛起,南海海洋资源开发、国际经贸往来和文化交流都将迎来一个新的时期。

在中国－东盟自由贸易区和南海崛起中,我国根据经济战略和地缘格局,适时提出了建设"粤港澳大湾区"的战略,再一次将南中国海、粤港澳大湾区、广东省的发展引向国家对外开放、参与全球竞争合作的最前沿。在国际层面上,从前西方国家领导全球化,但在今后很长一段时间内,西方将很难继续扮演这个角色,主要是因为西方国家都面临很大的内部问题。贸易保护主义、经济民族主义、反移民思潮的兴起是西方内部问题的外部反映,他们首先必须解决这些问题。在解决众多内部问题之前,西方希望在国际层面再进一步推进贸易自由化并不实际。中国现在已经是世界第二大经济体、最大的贸易大国,正迫切需要推进经济全球化,在实现内部可持续发展的同时,引导国际经济的发展。

粤港澳大湾区可望成为"一国"之内的世界级经济平台。作为自由贸易区,大湾区已经具有诸多优势,包括巨量的经济总量、优质的基础设施、互联互通、世界级制造业基地、优质金融制度、优质服务业、教育科研等。作为与世界纽约湾区、旧金山湾区、东京湾区比肩的世界第四大湾区,粤港澳大湾区拥有最悠久的中华文化底蕴、最多的人口数量和消费市场,旅游市场规模和消费潜力巨大。在几千万人口日益增长的美好生活需求引导下,粤港澳大湾区将来会建成一个影响中国和世界的优质生活圈,旅游休闲需求市场无限,旅游产业发展前景无限,广东旅游发展机遇无限。

第二节 广东旅游发展战略目标

自古以来"粤港澳一家亲",广东省和香港、澳门情同手足、亲如兄弟,地理位置一体、历史文化一脉、经济社会一家,广东的发展离不开香港和澳门。广东的发展与粤港同呼吸、共命运,荣辱与共、肝胆相照、生死相连。因此,关注广东旅游发展,自然地会把广东和港澳作为"一人兴、全家旺"来考虑。粤港澳大湾区,毗邻东南亚的优越地理位置,中国-东盟自由贸易区的建立和21世纪海上丝绸之路的复兴,为粤港澳大湾区旅游发展指明了目标和方向。21世纪广东旅游发展,要放在粤港澳大湾区和中国-东盟自贸区的大区域背景下,进行顶层设计、目标定位和政策规划,笔者认为,21世纪海上丝绸之路广东旅游发展战略目标,主要体现在功能效应、发展质量和区域定位三方面体现。

一、功能效应目标:广东——中国旅游综合改革的示范区与旅游创新发展的先行区

1. 中国旅游综合改革的示范区

2008年11月27日,国家旅游局和广东省人民政府共同签署《国家旅游局广东省人民政府关于建立局省紧密合作机制备忘录》,同意将广东省作为"中国旅游综合改革示范区"。在签署的备忘录中,国家旅游局支持广东省深入落实 CEPA 政策,实施了一系列的措施,推进粤港澳旅游合作。并委托广东省审批港澳服务提供者在广东设立合资及独资旅行社,允许内地授权的香港旅游企业组织开展迪士尼定点团队旅游;为内地在粤工作的人士提供个人赴港澳游通行证;同时推动内地与港澳有关从业人员资格互认,优先考虑已获得内地资格的港澳有关人员在广东注册执业;积极

研究港澳地区在广东省设立的旅行社经营广东居民团队前往经国家批准的旅游目的地的旅游业务事宜。此外，国家旅游局把广东省作为全国"国民旅游计划"的试验省份，回应当时出台的《关于加快我省旅游业改革与发展建设旅游强省的决定》，支持广东省率先推行国民旅游计划，落实带薪休假制度，推动把修学旅游列入中小学课程。支持广东省建设高标准的国际邮轮码头，支持和鼓励广东省建立旅游卫星账户，支持广东省发展旅游制造业，打造旅游制造业基地；重点指导广东省修编旅游发展规划，优先安排编制粤港澳旅游规划；等等。

近10年来，广东省在旅游业综合改革试点方面取得了长足的进步，实践证明，广东省作为中国旅游综合改革示范区的目标是正确的，成效是显著的，这个目标也应该成为21世纪海上丝绸之路广东旅游发展的战略目标，引领广东省在21世纪"海丝"中继续发挥更大的作用。

2. 中国旅游创新发展的先行区

2017年7月1日，国家发展和改革委员会会同粤港澳三地政府，签署《深化粤港澳合作推进大湾区建设框架协议》，把粤港澳大湾区建设成为世界第四大湾区已成为国家战略，协议明确了粤港澳三地的合作宗旨是：全面准确贯彻"一国两制"方针，完善创新合作机制，建立互利共赢合作关系，共同推进粤港澳大湾区建设。协议提出三地合作的原则之一是：开放引领，创新驱动。积极构建开放型经济新体制，打造高水平开放平台，对接高标准贸易投资规则，集聚创新资源，完善区域协同创新体系，开展创新及科技合作。原则之二是：先行先试，重点突破。支持广东全面深化改革，探索粤港澳合作新模式，推动主要合作区域和重点领域的体制机制创新，以点带面深化合作，充分释放改革红利。

粤港澳大湾区是我国社会制度、行政管理制度、司法制度、社会生活方式、思想和价值观最为复杂的区域，"一国两制"对广东的旅游发展产生了极大的刚性约束，使得粤港澳大湾区的旅游合作发展方面付出的成本较国内当前地区更高。这对广东省的旅游发展既提出了很大挑战，又提供了改革创新的天然试验田，广东省对港澳的制度和方式非常熟悉，在旅游创新发展方面具备了内地省份所没有的条件和优势。改革与创新是 21 世纪我国旅游业领航世界旅游的两个轮子，并行不悖。广东省既是我国旅游业综合改革的示范区，同时也应该是我国旅游创新发展的先行区。由此可见，广东省的目标理应是中国旅游创新发展的先行区，是探索我国旅游发展创新机制的试验田。

广东省要在粤港澳大湾区建设、21 世纪海上丝绸之路中，探索旅游发展的创新体系，这是包括观念创新、制度创新、机制创新、政策创新、科技创新、服务创新、管理创新的创新体系。为 21 世纪海上丝绸之路的国际旅游合作、中国其他区域（如海峡两岸、长三角、环渤海、图们江流域、澜沧江－湄公河流域、丝绸之路经济带）的旅游合作提供借鉴。

二、发展质量目标：粤港澳——海上丝绸之路无障碍旅游区和东南亚优质休闲生活区

1. 无障碍旅游区的战略目标

"打铁还需自身硬"，练好内功是走向舞台的前提，广东旅游要在 21 世纪"海丝"及世界旅游发展中有所作为，一方面需明确自身在整个东南亚、亚太乃至世界旅游区域格局中的战略定位，另一方面更要加强自身建设。在区域旅游发展的制约因素中，制度和机制是最大的障碍，内部无序竞争和市场阻隔是最大的问题。基于粤港澳大湾区"一国两制、一国两治"的刚性制约，加上其"一国两制三地四种文化五个特区六梯度次区域"的特点，当务之急是要本着"粤港澳一家亲，大旅游是黄金"的历史渊源和现实诉求，克服粤港澳大湾区的制度约束和人为障碍，通过三方共同努力，建立中国首个和"海丝"示范性无障碍旅游区。

20 世纪末港澳回归，21 世纪初中国加入 WTO，内地和香港 CEPA 的签署与实施，近年来乘着"一带一路"倡议的东风，粤港澳大湾区三地经济、政治、文化交流融合的步伐大大加快，"一国两制"所存在的制度性障碍在中央的支持及三地间的共同努力下，迅速减少，三地间的人流、

物流、信息流越来越自由。党的十八大以来，我国加快了全面深化改革的步伐，从中央到地方的各种经济、政治制度改革，削减和取消了数以千计的与市场经济发展不相适应的各种部门政策、规章、制度、标准、税费等，广东省积极迈向中央赋予的发展目标定位，加快推进各项改革措施，主动与港澳合作。在旅游业合作领域，尽管仍然存在无法克服的制度性约束，但就旅游业和旅游者而言，粤港澳大湾区旅游发展的未来目标是21世纪海上丝绸之路无障碍旅游区。

粤港澳大湾区无障碍旅游区的基本特点是：区域内旅游产业体系各组成要素，在区域内各地区间能不受到任何不合理制度、政策、壁垒的约束和阻碍，在市场机制下自由地流动以达到资源（人、财、物、信息、技术）的合理配置。具体来说就是，不仅旅游基本行业（旅游企业）的资源和要素自由合理配置，而且旅游产业的支持系统各要素，如交通、金融、教育、基础设施、口岸、海关、出入境、公共服务与管理、政府行政、立法和司法等也能够密切协作、良好对接和高度融合，不存在行业和部门壁垒，为旅游者流动、旅游活动和旅游业提供便利的物质基础、宽松的社会环境和快捷的政策通道。"一国两制"下的粤港澳大湾区——这个世界唯一、中国最复杂的无障碍旅游区，要为21世纪海上丝绸之路的合作提供宝贵经验，将其旅游合作机制和模式推广到21世纪海上丝绸之路的其他区域，为"海丝"的旅游合作与发展做出应有的贡献。

2. 东南亚优质休闲生活区

"千里之行始于足下"，"万里海丝起于粤港澳"，将粤港澳大湾区建设好，21世纪海上丝绸之路就有了坚实的基础和良好的开端，粤港澳湾区的高质量建设、高品质生活就是对"海丝"的最大贡献。2017年7月1日，国家发展和改革委员会公布《深化粤港澳合作推进大湾区建设框架协议》，提出广东与港澳合作建设粤港澳湾区的目标是：……努力将粤港澳大湾区建设成为更具活力的经济区、宜居宜业宜游的优质生活圈和内地与港澳深度合作的示范区，携手打造国际一流湾区和世界级城市群。粤港澳湾区有11座现代化城市和6600万人口……这里是中国开放型经济的新门户,是中国最国际化、市场化的科技创新中心,是全球金融中心,不只是政经焦点,也是人们休闲娱乐的天堂。这里是最便捷的机场网络,全球闻名的购物天堂、美食之城……由此,粤港澳大湾区——广东的发展目标不仅是中国,而且是东南亚的最优质休闲生活区。

未来10～20年,粤港澳大湾区,将以改善民生为重点,大力发展旅游休闲产业,构建以广州、香港、澳门为金三角的粤港澳大湾区都市游憩生活圈。增加优质公共服务和生产生活产品供给,提高旅游休闲产业水平和服务质量,提高社会管理和公共服务能力。加强粤港澳大湾区国内国际人文交流、促进体育、艺术、教育、科技、文化繁荣发展,共建健康湾区,完善生态建设和环境保护合作机制,建设绿色低碳湾区。到21世纪中叶,中华人民共和国成立100周年时,将粤港澳大湾区建设成为中国、东南亚、亚太地区、21世纪海上丝绸之路的最优质休闲生活区。

三、区域目标定位:粤港澳大湾区——世界级旅游目的地

粤港澳大湾区,本书将其范围定义为包括以穗港澳三个城市为核心的珠三角都市区和广大全境,即包括珠三角、粤北和(粤)东(粤)西两翼四个区域。粤(广东)港澳大湾区,在功能上定位为中国旅游综合改革的示范区与旅游创新发展的先行区,通过深化改革、锐意创新,各项资源和要素充分配置,高度"一体化、现代化、品质化",建成中国特殊的无障碍旅游区和东南亚优质休闲生活区。粤港澳大湾区这个未来的世界级旅游目的地,以区域内行政壁垒的最大程度的消除为前提、旅游产业要素空间一体化为基础、旅游产业体系发育完备为特征、旅游产业规模和实力强大为优势,具备强大的空间扩张力和区域竞争力,对世界旅游者产生强大的吸引力,具有持续的发展动力。在旅游规模、结构和质量上领先国内,在旅游产品体系、旅游市场份额、旅游服务水平、旅游产业素质、旅游品牌影响、旅游整体实力等方面领先东南亚,领航21世纪海上丝绸之路,媲美欧美,成为高水平、高质量的世界级湾区旅游目的地。

把粤港澳大湾区建成世界级旅游目的地，就是要粤港澳湾区旅游发展在以下几个方面具有世界性：一是具有世界视域，在区域旅游定位、旅游产品体系和市场都是世界性的，而不仅仅是区域性或国家级的。粤港澳大湾区旅游定位在与纽约湾区、旧金山湾区和东京湾区比肩的位置。二是拥有世界资源，粤港澳湾区拥有世界级的旅游资源，世界自然和文化遗产丹霞山和开平碉楼、国际都市香港、世界级海滩和海岛资源、人类最悠久的中华文明、分布世界最多的华人华侨、闻名世界的中华武术等。三是占有世界市场，粤港澳湾区旅游市场是面向全世界的，世界七大洲五大洋的60多亿人口都是潜在游客市场，特别是海上丝绸之路沿线国家和地区的游客。四是拥有世界品牌，不仅要有世界品牌旅游景区、地理空间（类似迪士尼乐园、印度尼西亚巴厘岛、马尔代夫群岛），也要有享誉世界的标志性建筑或景观作品（类似悉尼歌剧院、埃菲尔铁塔、凯旋门、自由女神像），还要有世界级旅游城市，如香港、澳门、广州要建成世界级旅游城市，更要有世界品牌旅游企业（类似迪士尼公司）。五是享有世界知名度，粤港澳湾区要成为21世纪地球上最适宜旅游休闲的目的地、世界各国游客向往的"天堂"。

第三节　广东旅游发展战略重点

明确了21世纪海上丝绸之路广东（与港澳构成的大湾区）旅游发展的战略目标是：中国旅游综合改革的示范区与旅游创新发展的先行区，海上丝绸之路无障碍旅游区和东南亚优质休闲生活区，世界级旅游目的地。为实现这个目标，需确定未来广东旅游发展的战略重点和方向，在重点领域重点突破、有所为有所不为，逐步推进，把广东和粤港澳湾区建设成为21世纪海上丝绸之路宜居宜业宜游的优质生活区和世界级旅游目的地。根据我国制定的《推动共建丝绸之路经济带和21世纪海上丝绸之路的愿景与行动》和《深化粤港澳合作推进大湾区建设框架协议》,结合广东省《关于加快我省旅游业改革与发展建设旅游强省的决定》,21世纪海上丝绸之路广东旅游发展的战略重点主要包括以下五个方面。

一、加快粤北和东西两翼旅游发展、形成合力

广东省旅游发展的短板是区域旅游不平衡,珠三角和港澳地区旅游经济发达,粤北和东西两翼相对落后,虽然有良好的旅游资源和文化底蕴,但旅游经济总量、旅游企业和旅游项目在全省的比重不高。旅游扶贫仍然是广东省"十三五"的重要任务。粤港澳大湾区世界级旅游目的地建设,离不开粤北和东西两翼的辅助和整体发展,21世纪海上丝绸之路广东的"领头羊"作用,也不能没有粤北和东西两翼的贡献。因此,未来一段时期,广东省旅游发展的战略重点之一就是加大对粤北和东西两翼的支持,加快粤北和东西两翼的旅游发展,缩小其与珠三角的差距,使全省的旅游形成合力,产生效率,发挥威力。否则,广东省旅游发展的战略目标就难以实现。在发展粤北、提升东西两翼中,重中之重是要加大对山区和贫困地区的旅游扶持力度,以旅游开发为载体,以弱势群体相对集中而旅游资源又比较丰富的贫困县为重点,从资金、政策(如对口帮扶、税收优惠、项目贷款优先等)、技术、市场、管理和宣传等多方位对贫困山区进行扶持,将资金重点投向山区道路交通、景区开发、观光农业、人才培养等方面。

从区域合作与共进方面看广东旅游发展,要将粤北和东西两翼旅游发展纳入21世纪"海丝"的宏大区域中去,通过融入"海丝"来促进自身发展壮大。为此,广东省(粤港澳大湾区)要重点建设四个次级旅游区域。

(1)粤西-北部湾旅游区:包括粤西地区(湛江、阳江、茂名)、广西、海南以及越南、泰国、缅甸、印度、斯里兰卡、马尔代夫,甚至更远的阿拉伯海沿岸国家和非洲东海岸国家、欧洲地中海沿岸。加强广东与广

西、海南以及越南、泰国乃至印度洋沿海国家之间的旅游合作，打造"古代海上丝绸之路之旅"（沿途体验粤西、广西、海南以及东南亚、印度、阿拉伯、非洲等地区的风土人情）。

（2）粤东-台海旅游区：从潮汕地区出发，向北通往福建和台湾、东亚、大西洋沿岸等地的线路，打造粤东地区（潮州、揭阳、汕头、汕尾、梅州）延伸至福建和台湾的海上丝绸之路东线旅游区。粤东地区作为海上丝绸之路东线旅游区的出发地，其旅游目标定位为世界级潮汕文化和客家文化旅游的目的地。

（3）粤港澳珠三角旅游区：香港、澳门是古代船舶从广州出发向南前往东南亚地区、大洋洲各国的必经之地。以珠三角城市群为起点，旅游线路可涵盖主题公园之旅、高端滨海度假之旅、休闲购物之旅、温泉之旅以及近代历史文化之旅等。

二、深化粤港澳旅游合作、提升湾区整体实力

重点围绕基础设施互通、旅游市场一体化、旅游产业体系构建几个方面深化粤港澳旅游合作。

（1）强化广东与港澳的交通联系，构建高效便捷的现代综合交通运输体系。以香港为核心，共建大湾区世界级港口群和空港群，完善高速公路、高铁、城市轨道交通网络布局，推动港珠澳大桥、广深港高铁、粤澳新通道的建设，构建粤港澳便捷的区域交通圈。

（2）提升粤港澳市场一体化水平，提高粤港澳间通关便利化水平，推动粤港澳旅游企业相互投资。鼓励港澳人员赴粤投资及创业就业，为港澳居民发展提供更多的机遇，为港澳居民在广东的生活提供更加便利的条件。

（3）构建粤港澳现代旅游产业体系，充分发挥粤港澳三地的产业优势，规划三地旅游产业梯度与层次，如香港的会展业（国际金融中心、会展中心）、旅游购物（购物天堂）、娱乐（迪士尼乐园），澳门的博彩

业，广东的自然观光、滨海度假、民俗体验、文化研修等。形成包括旅游观光与度假服务业、旅游信息咨询与服务业、旅游装备制造业、旅游商品生产与销售、文化会展体育娱乐产业等的粤港澳现代旅游产业体系。

（4）建设粤港澳重大旅游项目平台，包括深圳前海、广州南沙、珠海横琴三个重点开发地区，充分发挥三者的开发试验、旅游休闲功能，建成粤港澳三地的旅游合作平台。建立粤港澳重大旅游项目库，包括重点旅游景区、知名旅游企业、重大旅游节事，以重大旅游项目带动湾区旅游发展。

三、重点发展海洋旅游、文化旅游和商务旅游

在旅游产品和产业形态上，根据广东省和粤港澳湾区的优势，重点发展海洋旅游、文化旅游和商务旅游，这三者是构筑粤港澳大湾区旅游产品体系和产业系统、形成特色和优势、产生旅游吸引力的基础。

（1）重点开发粤港澳湾区的海洋旅游，这是彰显粤港澳湾区旅游吸引力的重要旅游产品。粤港澳大湾区濒临南海，广东省大陆岸线长4114.3千米，居全国首位；岛屿面积1500多平方千米，居全国第三位；海域总面积41.9万平方千米，拥有多样的海岸类型和丰富的滨海资源。阳江海陵岛、汕头南澳岛、汕尾红海湾、茂名放鸡岛等各具特色。充分发挥粤港澳大湾区海洋、海岛、滨海旅游资源优势和海洋文化特色，发展海洋（景色）观光、滨海（休闲）度假、海岛（生活、风情）体验、海洋研学科考、海洋探险（海上漂流）、水上体育运动等旅游产品，形成海洋旅游产品体系，构筑粤港澳海洋旅游带。

（2）粤港澳湾区拥有世界上唯一的"一国两制三地四种文化"特点，这里是中西方文化碰撞、古老南粤（岭南）文化与21世纪现代文化对话、繁华都市文化与幽静乡村文化共存、发达的物质文化与浓厚的宗教文化并肩的大观园、大舞台、大融合。尤其是独具魅力的"广府、潮汕、客家"岭南文化三原色，更显中华儒家文化与西方文化融合的特征。文

化旅游是粤港澳大湾区成为世界级旅游目的地的最独特优势,理应是广东旅游发展的战略重点。

(3)粤港澳湾区是中国对外开放的前沿地带,有11个城市、6000多万人口,广州、深圳、香港、澳门、珠海5个城市外向型经济发达,香港和广州是中国拥有外国使领馆最多的城市,香港、深圳、广州的世界500强企业数量居国内前列,而且这些城市都是中国会展中心城市,拥有国内最多的国际展会品牌[如广州的"中国进出口商品交易会"(以下简称"广交会")、深圳"中国国际高新技术成果交易会"(以下简称"高交会")和"中国(深圳)国际文化产业博览交易会"(以下简称"文博会")、香港各类展会]。湾区的对外经贸交流密切,国际商务商贸活动频繁,国际企业总部和研发机构、涉外高星级旅游酒店等也是国内其他城市难以相比的。因此,发展商务旅游(包括商务、商业、会展等),是广东旅游的战略重点,"牵一发而动全身",通过商务旅游促进对外开放、全面带动旅游产业要素集聚和重组,壮大旅游产业规模,提升旅游服务质量和旅游产业素质,将粤港澳大湾区打造成为世界级旅游目的地。

四、重点开发东南亚和欧美旅游市场

21世纪海上丝绸之路,是一条起自我国,经历亚洲、大洋洲、非洲,到达欧洲的全球经贸文化大通道,沿线经过几十个国家和地区,各国差别甚大,与我国的交往历史和关系也不同。从旅游交流合作领域看,在资源禀赋、产业基础、政策制度等方面,中国和沿线国家也有密有疏、有先有后、有快有慢,不可能齐头并进、无所差别。中国国际经贸合作最紧邻、最紧密的当属东南亚联盟(东盟),粤港澳和广东省与东盟的经济文化交流也是最大的,其次就是欧美。所以,在21世纪海上丝绸之路上,广东旅游发展重点应开发东南亚和欧美市场,一方面是由于地理位置邻近东南亚,经贸合作和人员往来集中在经济发达的欧美国家和地区;另一方面,广东是我国最大的侨乡,华人华侨主要分布在东南亚和欧美国家(见表4-1),

粤商遍布全球，尤其以东南亚和欧美居多，这是广东和"海丝"国家开展经济商贸旅游文化交流的巨大优势。东南亚市场重点开发中高端客源市场，特别是政界、商界、学界的高端客人，重点做好华人华侨的旅游营销与服务；欧美市场重点开拓大众旅游市场，特别是家庭和青少年旅游市场。

粤港澳湾区和广东省要充分利用海洋资源和交通优势，大力开发面向东盟和欧美的观光、度假、文化、商务和怀旧探亲旅游产品，带动政务、科考、体育、研修、养生等其他旅游产品。

表4-1 华侨华人人口住在分布与游客客源地分布比较

（单位:%）

	全体华侨华人	粤籍华侨华人	华侨华人游客
东南亚	73.7	77.3	84.4
东北亚	2.7	0.3	2.8
欧洲	4.7	3.0	6.1
非洲	1.7	0.7	0.0
美洲	13.9	15.7	5.6
大洋洲	2.1	2.9	0.5

资料来源：梁江川，《广东华人华侨旅游市场开发》，载《五邑大学学报（社会科学版）》2012年第3期，第8页。

五、充分发挥广东侨乡优势、大力开发华人华侨旅游市场

广东及港澳是全国最大的侨乡，海外粤籍华侨华人约为2600万，占全国总数的54%。每年入粤旅游的华侨华人约155万人次，占入境旅游人数的1/4。改革开放以来，华侨华人一直是广东入境旅游的重要支柱市场，规模大、流量稳、消费高、带动效应好。充分发挥广东省各地与华侨华人在地缘、商缘、业缘等方面的优势，因地制宜，错位发展，重点培育开平、台山、中山、汕头、潮州、普宁、梅县、大埔等一批特色鲜明的旅

游侨乡，打造与中国第一侨乡地位相匹配的广东侨乡旅游品牌。与港澳一起，做大海外华人华侨旅游市场，带动粤港澳湾区入境游市场，为建成粤港澳湾区世界级旅游目的地创造有利条件。

重点实施两大工程：一是华侨华人旅游资源产品化工程。深入挖掘和整理承载华侨华人集体回忆的各种资源，加强对自然景观、历史建筑、民俗节庆、宗教信仰、特产名食、方言谚语等地方标志性元素的保护和再现，加快当地华侨博物馆的建设。将华侨华人在侨乡兴办的企业、学校、医院以及各种慈善福利工程，作为景点对外开放，供游客参观留念。鼓励老一辈华侨华人在家乡修建象征"根"意义的宗祠、祖屋、故居，注重为有影响力的华侨华人建设纪念工程，通过人物传记、电影、塑像、纪念园等形式，吸引其后代回乡拜谒、参观，增强对故乡的感情。二是岭南文化"走出去"工程。借助中国在海外的"中国旅游文化年"，推出"粤港澳湾区旅游巡回宣传月"活动，向重点侨乡国（地区）展示广东、香港和澳门的发展成就，宣传中华文化复兴的巨大成绩，吸引华人华侨回国探亲访友、旅游观光、考察投资、兴办实业，实现报效家国、叶落归根的海外游子的人生夙愿。

第四节　广东旅游发展战略对策

作为21世纪海上丝绸之路的起点和龙头，广东和粤港澳大湾区的旅游对促进"海丝"合作与发展具有举足轻重的作用，广东旅游本身基础好、水平高、实力强，只要路径和政策合理，实现旅游发展战略目标完全有把握。近年来，海上丝绸之路旅游带被列入国家旅游业"十三五"规划，2015年广东省完成了《广东海上丝绸之路旅游合作发展规划（2014—2020年）》，为广东省参与"海丝"旅游发展规划了蓝图，提出了旅游发展政策、对策和措施建议。2017年7月，《深化粤港澳合作　推动大湾区建设框架协议》正式签署,粤港澳大湾区发展成为国家战略,9月"21世纪海上丝绸之路国际博览会"在广东召开,10月召开的党的十九大总结了新时代中国特色社会主义的基本矛盾和总的特征,这些都为广东省旅游发展指明了方向、提出了新的历史使命。在海上丝绸之路成为世界最大区域合作战略的新时代,广东省旅游发展需要与时俱进,需要采取新的战略对策和措施。

一、继续深化广东旅游综合改革,提升粤港澳旅游合作机制和水平

改革广东旅游发展机制与管理体制,特别是打破"旅游行政区经济"的刚性约束,小珠三角9个城市之间的旅游经济竞争非常激烈,在旅游规划、旅游市场、旅游投资、旅游营销等方面仍然存在着较大的"地方保护主义"现象。各地区之间在旅游资源、旅游项目、旅游投资、管理权力、旅游政绩、旅游形象等方面的竞争长期存在且有加剧趋势,"真竞争、伪合作""过度竞争、肤浅合作"成为常态。旅游行政管理体制远远不适应快速发展的旅游事业的需要,在旅游行政管理、旅游企业管理、旅游人力资源管理、旅游资源管理等方面仍然停留在以前的方式和水平上,制约了旅游产业的自由有序发展。旅游行业与文化、体育、教育、农林、城建、林业、水务等部门行业的整合力度不够,机制不顺,协调不力,影响了旅游产业效应的有效发挥。

因此,在建设21世纪海上丝绸之路及粤港澳大湾区的大好时机,广东省要深化旅游发展机制和管理体制改革,探索适应日益开放的旅游市场和越来越广泛的区域旅游合作事务的旅游管理体制和机制。笔者建议取消广东省地级市和县级行政区的旅游局,成立省级旅游行政管理部门,直接统一规划、管理全省的旅游发展,消除省内的"旅游行政区经济"现象对旅游发展的制约。省级旅游行政管理部门,设置为省政府的派出机构,超越其他行业机构(如国土厅、规划厅、农业厅、水利厅、交通厅等),

第四章 21世纪海上丝绸之路广东旅游发展战略

可以有效地协调旅游发展所涉及的相关行业部门，促进旅游事业健康发展。在粤港澳湾区旅游合作发展方面，可以借鉴我国经济特区建设的经验，在粤港澳湾区特定区域（如广州南沙、深圳前海、珠海横琴三个区域）试点建立"粤港澳旅游特区"，创新旅游服务与管理模式和体制机制。

在探索建设"粤港澳旅游特区"的基础上，创新粤港澳旅游合作机制，提升三地旅游合作水平，为打造粤港澳大湾区世界级旅游目的地积累经验、创造条件。粤港澳三地由于社会制度的不同，导致经济、政治、文化、生活方式、价值观等方面差异较大，为三地旅游合作带来了一定的影响，在签证通关、出入境手续、旅游管理、民事协调、司法裁判等方面的交流成本较国内其他地区都高。为国内外游客在粤港澳三地间自由流动带来障碍，影响了旅游综合效益。事实证明，内地游客是港澳旅游业兴旺的最可靠保障，什么时候三地的合作顺畅、障碍小，什么时候港澳的旅游业就繁荣，经济就活跃；反之，港澳旅游业就萧条、经济下滑。近年来，由于内地游客在香港受到不公正对待，赴港澳游客锐减而导致香港旅游经济大幅度下降，引起广大市民的不满，就是明证。

为此，广东省应积极寻求与港澳之间的谅解与沟通，积极探索更新、更便利、更有效的机制，港澳方面也要本着"粤港澳一家亲、旅游是黄金"的态度，主动融入内地旅游大平台，促进与广东及内地省份的旅游合作与发展，让粤港澳三地共建共融、共享共荣，共同引领21世纪海上丝绸之路的繁荣兴盛。

二、以"建设世界级旅游目的地"的理念引领粤港澳大湾区的规划与发展

广东要融入乃至引领21世纪海上丝绸之路，粤港澳湾区要建成世界级城市群，成为世界第四大湾区，不仅要在城市群规模、经济规模和发展水平上进入"四强"、带领"海丝"，更要在生活水平、文明素养、国民

幸福、环境生态方面领先全国、昂首"海丝"。21世纪的广东、未来的粤港澳,不仅是世界经济发达区域、世界第四大湾区、21世纪"海丝"文化中心,还要成为最适宜人居的世界首善之区、最适宜旅游休闲的优质生活区。广东各项经济建设、社会发展的工程和项目,无论是建筑物、道路桥梁、工厂学校,还是农田森林、水库港口、电站大坝等,都能以旅游景观和文化遗存来雕琢,不仅使之创造物质财富,还可以成为赏心悦目的景观和旅游吸引物,成为满足人们游览休闲的精神财富。广东的各项社会服务、人文活动、生活场景,无论是政府服务、企业生产、商业贸易,还是社会交往、百姓生活和民俗活动,都可以看作旅游产品和旅游形象来塑造,使之产生旅游吸引力,让中外游人流连忘返。

我们应学习新加坡建设花园城市、创建旅游国家的经验,以"世界级旅游目的地"的标准来考量粤港澳大湾区的各项规划与发展,树立大旅游、大产业、大市场、大服务的理念,动员、激励民众时时想到旅游、处处留下形象,时时刻刻为美化家园、吸引客人、服务旅游做出自己的贡献。像北京举办奥运会、上海举办世博会、广州举办亚运会一样,全民动员、全民参与、全民互助,创优创先创文。加强生态建设和环境保护,创建绿色城市、文明城市、健康城市,为自己、为他人提供优良、优美、优雅的旅游休闲环境。把粤港澳看作全天候开发的大景区,把所有来宾和客人都看作旅游者,对国际友人提供友好、周到、热情、优质的服务。使粤港澳旅游目的地成为世界之最,让"海丝"所有国家的游客都了解粤港澳、都向往广东、都前来旅游观光。

三、全面深化与港、澳、桂、琼、闽的旅游合作,共建中国"海丝"旅游区

我国是海上丝绸之路的起点国家,自北向南多个省份、10多座城市都有"海丝"的足迹,广东作为"海丝"的重要省份之一,拥有广州、江门、徐闻、汕头等多个"海丝"港口。"21世纪海上丝绸之路"是中

国联系东西方、沟通海内外的全球贸易大通道,是中国所有沿海省份共同的对外发展战略之路,不是广东省一家之事。广东要担当21世纪"海丝""领头羊"的作用,离不开兄弟省份的协同共助,"海丝"的复兴也需要沿海各个省份的共同努力,方能成就大业。因此,21世纪海上丝绸之路上的广东旅游发展,需要全面深化与港澳的合作,共建世界级的旅游目的地,需要主动与紧邻的广西、福建、海南开展合作,做好分工、形成合力,共同建设中国的"海上丝绸之路旅游区",担当起中国旅游业走向世界的桥梁和前哨。

广东与港、澳、桂、琼、闽的旅游合作,主要在旅游产品分工协作、滨海旅游景观营造、古丝绸之路旅游重建、旅游客源市场共享、旅游企业与品牌共建、旅游投资与服务、共同进行"海丝"国家旅游宣传营销等领域进行。粤港澳合作为第一层次,形成"粤港澳湾区旅游圈";粤桂琼合作为第二层次,打造"泛北部湾旅游圈";粤闽台合作为第三层次,构建"海峡两岸旅游圈"。三个旅游圈有机组合,构成"21世纪海上丝绸之路中国南部沿海旅游带",内引外联、通江达海,连通陆上丝绸之路旅游带,形成纵贯亚欧大陆的海陆环状旅游带。广东作为粤港澳大湾区——未来引领中国经济驶向世界的"航母"的核心区域,成为连接中国沿海、贯通中国-东南亚经济走廊的重要环节,广东与港、澳、桂、琼、闽的旅游合作,是必然的选择。

四、与海上丝绸之路沿线国家构建多层次区域旅游合作体系

作为我国的经济、对外贸易大省,广东与众多国家保持着密切的经贸、文化往来,"广东的朋友遍天下"。同时,作为经济强省和内地最大的客源地,广东省居民的旅游出游率和旅游消费水平也是最高的,出境游占到全国的"三分天下",广东籍的海外华人华侨也是最多的。这种优势使得广东省与海外国家和地区开展旅游合作,具备了良好的条件和充分的必要性。为此,广东省除了与港澳和周边省份加强合作、构建中国南部沿

海旅游带以外，还需要以独立省份与海上丝绸之路沿线国家和地区开展合作，构建多层次的区域旅游合作体系。

1. 合作形式和内容方面

广东与东北亚、东南亚、南亚、西亚、欧洲、大洋洲、美洲等国家和地区的有关地区（省、州、市）可以建立紧密的旅游合作关系，如缔结友好省份，广州、深圳、珠海等城市与"海丝"沿线城市结盟友好城市；彼此开展旅游投资开发、企业合作、旅游宣传促销、旅游市场互换、旅游交通与线路建设，建立旅游合作机制（联席会、协会、联盟、论坛、研究机构）等。合作内容是全方位的，包括：旅游资源—旅游产品—旅游市场，旅游投资—旅游产业—旅游资本，旅游交通—旅游设施—旅游信息，旅游教育—旅游人才—旅游技术，旅游管理—旅游政策—旅游制度。

2. 合作区域和关系方面

根据空间距离不同和双边关系的差异，采取紧密型、半紧密半松散型和松散型三类合作区域。如广东和东盟国家、大洋洲国家的旅游合作关系紧密，可以建立紧密型的双边关系；和西亚-北非国家的旅游合作则宜采取松散型；和欧洲、美洲国家可建立半紧密半松散型的合作关系；和东北亚、东南亚邻近国家的地区，采用全方位的旅游合作方式——资源开发、市场共输、交通建设、资金融通、技术共享、人才交流；和欧美国家的地区，则采取客源互送、企业互助、技术共建等部分方式开展合作。

3. 合作模式和机制方面

和"海丝"的不同国家的地区，采取不同的合作模式和机制，灵活运用、不拘一格。近距离、紧密型关系的地区，双边的政府、企业、民间三位一体、全方位全面深度合作，采取规范性、制度化、常规式的合作方式，快速推进、产生效益；远距离、松散型关系的地区，以企业和民间往来交流为主，采用非制度化、非固定式的合作形式，慢慢增进了解、培育"感情"，适时推动政府间的合作。

第五章

21世纪海上丝绸之路广东对外旅游合作的内容与模式

21世纪海上丝绸之路上,身处前沿地带的广东,不仅要搞好自身建设,更要加强对外交流与合作。在对外旅游合作方面,广东具有得天独厚的优势和时代的紧迫性。加快广东与海上丝绸之路沿线国家和地区的旅游合作,有利于进一步优化广东旅游产业结构,带动旅游产业新业态的发展,提升广东省旅游产业综合实力;有利于充分发挥广东海洋资源、文化资源和经济资源的优势,将海洋文化充分挖掘出来,促进我国的海洋开发,形成具有鲜明区域特色的海洋产业集群;有利于拓宽闽粤桂、粤港澳以及广东与"海丝"沿线国家的区域合作,增强广东在区域经济和社会文化中的影响,推动粤港澳大湾区国家战略的实施。广东对外旅游合作,是一项重大工程,需要统筹规划,从理论到实践,从内容到形式,从模式到机制,都要进行顶层设计。本章首先从理论上探讨区域旅游合作的原理和模式,为广东旅游对外合作提供指导,着重研究旅游的内容和模式,拟为广东旅游对外合作的实践提供借鉴。

第五章 21世纪海上丝绸之路广东对外旅游合作的内容与模式

第一节 区域旅游合作的一般原理与模式

旅游区域合作是指国家、地区、国内各地方（从我国目前现实情况看，主要指行政区域）之间的旅游经济主体（包括政府、企事业单位、自然人），依据一定的目标、原则和制度，将旅游系统要素在地区之间进行重新配置、整合与优化，形成规模更大、结构更佳、品牌更高的旅游产品——市场体系，以便获取最大的经济效益、社会效益和生态效益的旅游经济行为。

现代旅游业是一个综合性的产业，尽管各国对旅游产业内涵的划分不尽相同，但基本上认同旅游业是一个综合性的大产业系统。区域旅游发展，涉及经济系统的各行各业，超越了旅游基本行业的狭小范畴，构成了通常所说的旅游产业范畴，它包括三个层次。

（1）与旅游活动直接相关的经济领域。这类行业与旅游活动密切相关，业务占绝对比重。包括：旅游业，经营旅游业的各类旅行社、旅游公司；旅馆业，宾馆、旅馆、招待所、大车店；公共设施服务业，市内公共交通业、园林绿化业、自然保护区管理业、风景名胜区管理业、环境卫生业、市政管理业、海关与口岸边检行业、公安及出入境服务业。

（2）与旅游活动有较大相关的行业领域。这类行业虽然不是主要针对旅游活动，但其与旅游活动相关的业务占较大比重，它们已成为旅游发展的重要领域。包括：交通运输业（铁路、公路、水路、航空及其他）、零售业、餐饮业、娱乐服务业（卡拉OK歌舞厅、电子游戏厅、游乐园、夜总会等）。

（3）与旅游活动间接相关的社会经济系统。这类行业与旅游相关的业务比重一般不大，但对旅游发展有重要的影响作用。这类行业很多，主要有：农业（观光休闲农业）、林业（森林旅游）、畜牧业（草原旅游）、渔业（休闲渔业）、食品加工业（食品、饮料等旅游消费品）、工艺品业（旅游工业品）、文教体育用品制造业（旅游用品）、汽车行业（自驾车旅游、旅游交通）、土木工程建筑业（旅游景点设施、旅游饭店建设）、邮电通信业（旅游景区内外）、金融业（旅游开发资金）、保险业（旅游保险）、房地产业（旅游接待设施、旅游房地产开发）、信息咨询服务业（旅游信息系统、旅游网站、旅游咨询）、教育（旅游人才教育与培养、培训）、文化艺术业（文化旅游）、环境保护（旅游环境保护）、广播电影电视（旅游影视广播节目、专题）、印刷出版业（旅游书籍、图册、音像资料）、国家机关（旅游行政管理部门、其他职能部门）、社会团体和民间组织（旅游协会、旅游学会、旅游中介服务机构等）。

　　区域旅游合作是在不同区域的各个主体间通过一定机制协调、整合区域间旅游业各种发展要素，在旅游业各个层次、国民经济的各个行业部门间开展的区域要素的流动、沟通、融合的过程。它是一种综合性的经济－社会－文化现象，有着深刻的机理，在世界各国各地区有着复杂的表现形式，各国地区之间的旅游合作也形成了一些值得借鉴的模式。通过对世界各国各地区的旅游业合作的内在机理、外部形态特征、区域协调机制的综合研究，我们可以总结出旅游业区域合作的一般原理（见图5–1）。

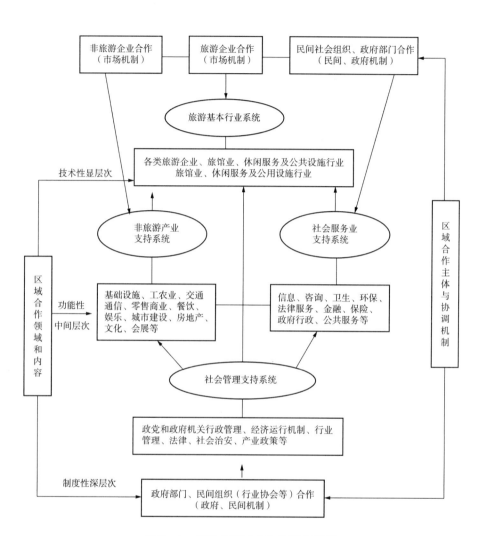

图 5-1 旅游业区域合作的基本原理

第二节 广东对外旅游合作的内容

根据以上理论分析,结合广东旅游发展实际及旅游发展战略,从旅游合作的核心内容看,21世纪海上丝绸之路的广东对外旅游合作,包括以下五个领域及内容。

一、旅游资源—旅游产品—旅游市场

1. 旅游资源合作开发

旅游资源是区域旅游经济存在和发展的基础要素,也是区域旅游经济合作的重要内容。区域合作开发的旅游资源包括自然旅游资源和人文旅游资源的全部类型,特别是跨越几个不同区域的旅游资源,更是区域间合作的首选内容。如风景河流各河段、海岸带、连绵山脉的共同开发等。广东与港澳一衣带水、唇齿相依,广东海域与闽、琼、桂连成一片,因此,在旅游资源开发上必然要合作。虽然广东在地理位置和资源空间分布上与"海丝"国家不相连,但在旅游资源开发方面,尤其是人文旅游资源上,也可以采取共同投资、共同商议、共同行动的方式进行合作。比如,在妈祖文化旅游资源开发上,可以与新加坡、马来西亚、印度尼西亚等妈祖文化深厚的华人聚居国家合作开发妈祖文化旅游资源。

2. 旅游产品合作开发

旅游产品的生产通常是将区域内外旅游经济的相关资源和要素集中在一定的地理空间范围内组合而成,如旅游资源、资金、技术、人才和人力资源等。通过旅游产品的设计与生产,不同区域之间的旅游经济主体(主要是旅游企业)可以形成良好的合作关系与分工格局,旅游产品构成了旅游经济合作的重要内容。另外,单一旅游产品一般很难形成市场规

第五章 21世纪海上丝绸之路广东对外旅游合作的内容与模式

模,实际中,旅游产品几乎都是组合型、系列化、跨空间地推向市场的,旅游市场推出的产品基本上是以旅游线路、旅游区域(包括旅游城市、旅游景点)的规模化形式出现的。不同区域将各自的优势和特色旅游产品拿出来,按照地理空间顺序组合起来,形成旅游线路或旅游区,如丝绸之路旅游线、长江三峡旅游线、环太湖旅游区、澜沧江-湄公河旅游线、粤港澳大湾区旅游圈等。

广东在对外旅游产品合作开发上,存在着巨大的合作空间,从观光旅游产品,到度假旅游产品,到商务旅游产品,从近域的粤港澳湾区旅游产品开发,到中远程的广东-东盟、广东-东北亚旅游产品开发,到远程的广东-南亚和北非、广东-欧洲、广东-澳大利亚、广东-北美旅游产品合作开发,都是有远大合作前景的。广东的制造业和对外贸易发达,对亚欧非国家的商务旅游产品合作开发,具有巨大的优势和潜力,以广州"广交会"、深圳"高交会"、"广东国际旅游文化节"等品牌带动与"海丝"国家的商务旅游合作,进而带动观光、度假、文化旅游合作。以广东上千万的海外华人华侨为对象,开展国际文化旅游(寻根、怀旧、宗教)产品合作开发,机会无限。

3. 旅游市场共同开发

旅游客源市场开拓是旅游经济合作的又一重要内容,这种市场开拓的合作模式有两种:一是几个区域彼此互为旅游目的地和旅游客源地(市场),如粤港澳三地就是典型的互为客源市场的区域;二是几个不同的区域联合起来,以统一的形象、共同的产品向其他区域宣传推广,吸引外地游客前来这几个区域开展旅游活动。由此而产生的客源市场规模化比单个区域独立开拓所形成的市场规模大数倍,单个区域可以分享由于共同作用所带来的规模市场效益。

旅游市场共同开发,是广东对外旅游合作的重头戏。第一种合作,即广东与"海丝"沿线国家,只要有条件,都可以开辟为共享市场,广东和这些国家和地区互为旅游目的地和市场,特别是东盟、北非、欧洲、澳大利亚和北美地区,不仅人口多、经济发达,旅游需求旺盛,而且旅游出

99

游率和消费能力高,与广东互为客源市场的机会巨大。第二种合作,广东和港澳地区、广东和闽琼桂三省区,协作行动,统一品牌,共同向海内外区域宣传"南中国沿海旅游区",吸引中外游客,市场容量可观。

二、旅游投资—旅游产业—旅游资本

在经济多元化、市场化时代,区域经济联系越来越多地通过金融、资本、产权等要素流动和交融而得以实现,相互投资、持股、资产重组、资本融合等成为经济主体间开展合作的重要内容和手段。区域旅游经济合作中,政府与政府之间财政转移支付、旅游开发资金扶贫,企业之间共同投资合作开发旅游资源、兴建旅游设施,企业间相互参股、持股、控股与资产优化组合,国际资本输出与输入等是非常普遍的现象。旅游资金—资产—资本方面的合作、组合、融通已经成为现代区域旅游经济合作的重要内容之一,对于一些特殊的区域(如旅游资源丰富但资金匮乏的贫困山区)来说,这种区域协作具有极为重要的意义,它可以促使区域旅游经济的起步,并带动区域经济的发展。

首先,广东省是我国经济发达、资金雄厚、民间资本投资需求旺盛的地区。近几年来,广东省对外投资迅速增长,但主要还是在制造业、交通业和IT(信息技术)行业。以旅游、文化、金融为主的现代服务业投资不足,在对东盟、南亚和北非欠发达国家和地区的旅游投资上,机会很多。以东盟为核心的亚太区域是21世纪世界旅游业的热点区域,东南亚国家丰富的旅游资源因资金不足而开发有限,因此,广东商人完全可以走出去,寻找广阔的国际旅游投资空间。其次,国际资本也在寻找投资方向,中国经济发展迅速、经济增长速度居全球前列,加上中国巨大的人口数量、庞大的消费能力,蕴藏着无限的市场机会,国外资本进入中国投资的动力很大,广东经济活跃、机制灵活,吸引境外投资(包港澳台和海外华人华侨)的潜力是其他省份所不能相比的。在引进外资合作成立旅游企业、合作开发旅游景区景点、合作发展旅游新业态和智慧旅游、合作

第五章 21世纪海上丝绸之路广东对外旅游合作的内容与模式

开展旅游创新服务等方面，广东应该发扬优良传统，继续敢闯敢做、敢为人先。最后，广东旅游产业要做大做强，就要走国际化、高端化、品牌化的道路，与发达国家的知名旅游企业（以世界500强中的旅游企业为目标）开展合作，特别是欧美国家有强大实力的旅游企业，包括旅游航空公司、旅游运营商、主题公园、餐饮企业集团、酒店集团、旅游商品制造商、旅游电子商务企业等。

三、旅游交通—旅游设施—旅游信息

1. 旅游交通合作

旅游交通的跨区域性和高投资特点决定了旅游交通建设主体的公共性和组织性特征，即旅游交通一般是由地方政府之间、大型企业之间联合投资、共同建设、合作经营管理的。在区域旅游合作中，旅游交通（包括公共交通的一部分）是一项最常见、最重要的合作内容。

21世纪广东对外旅游交通合作，主要是海上航运和航空运输路线投资建设的合作，未来则拓展到陆上高铁（泛亚-中国至东盟国家铁路大通道）的投资建设。海上航线合作，是邮轮航线和港口的合作，包括港口基础设施投资、邮轮制造与航运技术协作、海运及旅游服务人才培养的合作、航运安全合作；航空运输合作包括航线开辟与运营管理、机场设施建设合作、航空技术与服务合作、飞机制造技术协作、航空服务人才培养合作等。广东应充分利用广州作为全国第三大交通枢纽，利用广州机场、深圳机场、珠海机场三大国际机场的联合运输优势，加强对"海丝"沿线国家的旅游交通运输协作，为21世纪"海丝"旅游发展提供坚实的交通运输保障。

2. 旅游设施合作

旅游设施，包括旅游景区和旅游城市（镇）内的旅游基础设施和旅游接待服务设施，如酒店、景区内的各种设施、度假地设施、旅游卫生间等。旅游设施是旅游活动的核心功能载体，是旅游业的重点建设内容。随着投资主体的日益多元化，区域内外的政府、社会、企业、个人越来越多地以合资合作方式进行旅游设施建设，因此，它是区域旅游合作的重要内容。

在旅游设施与建筑、旅游城市基础设施和接待设施建设方面，广东与"海丝"沿线国家合作的空间非常大，不仅有旅游交通设施，也包括旅游游乐设施、旅游景区服务设施、旅游度假设施，还包括旅游运动与探险设施、旅游酒店接待服务设施、旅游餐饮与烹饪设施、旅游卫生与环保设施、旅游演艺设施等。广东省的旅游产业规模居国内各省前列，各类旅游设施的建造与维护技术与国外先进技术尚有较大的距离，设施质量、安全与功效等都亟待提升，与发达国家的合作空间很大。

3. 旅游信息合作

旅游信息化是现代旅游发展的一大趋势，信息化打破了旅游系统各要素的地域空间分隔概念，降低了旅游活动跨区域流动的时空成本，提高了旅游要素跨区域流动的效率。区域之间的旅游合作，通过共建旅游信息系统将不同区域的旅游资源和产品信息、旅游供需信息、旅游投资信息、旅游行业及管理信息有效地联系起来，大大提升了区域旅游产业整体水平，更好地满足了旅游者的旅游消费需求。

21世纪是信息化世纪，各国都在大力提升旅游信息化水平，智慧旅游成为旅游业发展的大方向和必要手段。广东作为我国科技创新试点城市，在旅游信息化方面也要走在全国前列，尤其在智慧旅游、旅游电子商务、人工智能旅游方面，与"海丝"国家有广阔的合作前景。可以瞄准欧美发达国家的旅游信息化前沿技术领域，在旅游资源信息化管理、旅游目的地信息化管理、旅游企业无人化服务与智能化管理、旅游大数据、虚拟旅游、旅游移动支付（中国技术输出）、旅游移动APP（手机软件）、旅游O2O（online to offline）平台建设等方面广泛开展合作。

四、旅游教育—旅游人才—旅游技术

旅游发展的根本在于人，区域旅游发展速度和水平关键在于拥有旅游从业服务人员和旅游专业技术人才的数量和质量。旅游人才的跨地区流动与协作，旅游服务人员的跨区域交流与培训已成为近年来世界旅游业发展的必然趋势。通过区域之间教育资源的互补与共享，培养与造就各种旅游专业人才和大批旅游服务人员，是近年来区域旅游合作的又一重要内容，越来越受到各国各地区的普遍关注。

广东是我国旅游大省，也是旅游人力资源大省，旅游服务从业人员和旅游在校生数量位于全国前列。但仍然满足不了广东省日益发展的旅游业需求，据统计，广东省缺口各级各类旅游人才约15万。广东应加强与"海丝"沿线国家和地区的旅游人才培养合作，有计划地与境外机构（旅游企业、政府、高校）合作培养（训）急需的旅游服务、旅游管理与旅游教学研究三类人才，尤其是高级人才（旅游企业高管、旅游行业领军人才、旅游创新创业人才、旅游学术研究与教育专家）。目前，欧美发达国家及澳大利亚的旅游教育水平普遍比我国要高，港澳地区相对于广东省是一个人才高地，但数量远远不够广东及内地的需要。因此，广东省应该主动谋求与欧美发达国家合作，大力加强旅游企业和高校的旅游人才培训合作，采取"请进来"和"送出去"两条腿走路的方式，培养和造就一批高素质、国际视野、创新型的旅游服务与管理人才队伍。广东可以利用粤港澳大湾区的国际化便利条件，充分吸收、学习港澳的西方教育与培训经验，包括港澳本地企业、广东的粤港合资企业、港澳的大学旅游教育（如香港理工大学旅游与酒店管理学院、澳门旅游学院）。

旅游开发规划技术、旅游企业经营管理经验、旅游工程设施建设技术等方面的区域交流与合作也是区域旅游经济合作的内容之一，特别是在旅游企业经营管理、旅游工程（如旅游信息系统工程）技术方面已成为当前区域旅游经济合作的重要内容。发达国家跨国旅游企业集团利用其先进的经营理念、运作模式和管理技术与其他国家（尤其以发展中国家）的旅游企业开展的合资、合作经营管理已成为国际合作的主导模式和主要内容。近几年，我国采取国际旅游组织与国内旅游组织合作的方式相继完成多个省域的旅游总体规划，从中开展了卓有成效的旅游规划先进技术与方法的交流合作，成为国内外旅游合作的成功典范。

广东省充分利用了毗邻港澳地区的优势，从中学到了发达国家先进的旅游规划技术、旅游企业经营管理经验、旅游工程设计与建设技术等。不仅如此，广东还应该积极主动学习国外先进经验和技术，无论是欧洲的建筑、艺术、旅游服务（如瑞士洛桑酒店管理经验、法国建筑设计艺术、德国工业遗产旅游开发、意大利旅游商品生产、美国的影视娱乐制作和主题公园建设等）。

五、旅游管理—旅游政策—旅游制度

世界各国、各地区的社会制度、经济发展水平、文化传统、社会习俗不尽相同，在旅游经济发展政策、制度和管理方式上差别迥然。由于旅游活动的跨区域性和旅游产业的国际性，各国各地区为了有效地促进旅游者在世界范围内便利流动，在旅游业开放政策、产业协调机制和行业管理手段方面长期开展了探索性、建设性的合作。主要表现在旅游目的地开放条件和范围、出入境政策、口岸与边境管理、外汇政策、旅游企业合资合作条件等方面的交流与合作。

基于粤港澳三地在政治制度、经济制度、司法制度、行政管理机制的差异导致旅游合作中的高成本，如出入境、游客管理、旅游经营管理方式、旅游投资和服务等。广东对外旅游合作，首要的是加强旅游管理—旅游政策—旅游制度方面的了解、交流与合作，以利于形成粤港澳紧密的大湾区旅游区，引领21世纪海上丝绸之路，否则，广东对外合作就失去了坚实的平台。更进一步说，世界多元化是客观存在的现象，广东省与国外在经济、政治、文化、价值观、社会生活等方面的差异也很大，因此，广

东对外旅游合作,最重要的也是旅游管理、旅游政策、旅游制度方面的合作。借鉴欧美国家在旅游管理、旅游政策制度方面的成功经验,比如欧盟的区域一体化对游客的便利、美国的国家公园管理机制、欧洲国家的休假制度(特别是带薪休假)、各国游客落地签证或免签等有效的旅游管理政策、机制,都值得广东学习。广东应力争取得国家(中央)层面的支持,在对外旅游合作这个"软"性改革开放领域,争取更加灵活、自由的政策,借广东获得旅游改革综合试点(旅游综合改革示范区)的机会,进一步解放"思想",在对外旅游合作涉及的各方面,争取更大、更多、更高的自主权。在确保国家主权和国家利益前提下,尽可能地扩大对外旅游合作领域和空间。

第三节　广东对外旅游合作的模式

21世纪海上丝绸之路,对于我国区域发展而言,是全局、全域、全方位的战略。作为"桥头堡"的广东,承担着"对内对外"两个维度的开放方向,就旅游对外合作而言,一方面是和国内其他区域的合作,另一方面是与"海丝"沿线国家和地区的合作。对国内合作的区域,主要包括三个空间层面:和港澳的合作形成粤港澳(大湾区)旅游圈,和闽琼桂沿海省区的合作形成"南中国沿海旅游带",和临近的内地省区合作形成"泛珠三角区域旅游区"。本节将对粤港澳地区(大珠三角)和泛珠三角两个层面的合作进行分析。

一、粤港澳旅游合作模式

粤港澳旅游业区域合作是一个层次多样、结构复杂、内容丰富、不断演变提升的典型案例,在中国国内具有很强的代表性。其旅游业联合发展表现出一定的特点和模式,以现阶段该地区的旅游合作状况为考察范畴,可以总结出以下三种模式。

1. 区域多极化、多层次、圈层式的旅游业联合模式

粤港澳地区作为一个较为完整的、内部结构复杂、层次性明显的区域,其内部各地区间的经济、旅游业合作关系呈现出多极化、多层次、圈层式特点(见图5-2)。区域内旅游业发展空间格局表现为以几个重要的旅游中心城市(香港、澳门、广州、深圳、韶关、梅州、汕头、湛江)为极核,以其他旅游城市为依托,通过旅游通道(交通线路)连接区域内各旅游景区(点)构成粤港澳旅游空间网络体系,旅游要素就在这些旅游中心城市、旅游通道、旅游景区(点)间高效率地运行、流动。该区域的旅游业合作层次性非常明显,粤港澳三方、粤港、粤澳之间的旅游业合作为第一层次的区域合作,港澳、珠江三角洲、粤东、粤北、粤西几个次区域之间的旅游业合作为第二层次的区域合作,以上各次区域内部各地区间的旅游业合作为第三层次和更次级层次的区域合作。在粤港澳内部形成了粤港澳大三角旅游圈、珠江三角洲都市旅游圈、粤东客家潮汕文化旅游圈、粤北生态宗教遗产文化旅游圈、粤西热带滨海岛屿旅游圈、广深珠旅游圈、深港旅游圈、珠澳旅游圈、广佛旅游圈、潮汕文化旅游圈、雷州半岛热带海岛旅游圈、西江旅游带、韶关丹霞景观旅游圈等各级各类旅游圈,圈圈联合、圈圈相叠、大圈套小圈的圈层式旅游业合作模式。

2. 主体多元化、行业综合性、区域联动式旅游业合作模式

粤港澳旅游业合作的主体包括了区域内各地区从政府、企业、民间组织到个人几乎所有的社会主体,政府和企业是最主要的两大主体,民间组织和个人是重要的参与力量。形成了"政府主导、企业主角、民间推动、游客参与"的多元化合作格局。旅游行业的各个企业、组织、管理机构组建了多样化的合作机构与组织,开展了多样化的旅游联合行动,形成了行业综合性的合作与发展形势。以旅游行业为核心,粤港澳区域内几乎所有的行业和领域都开展了各种形式的合作行动,经济产业、城市与区域基础设施、科技教育、文化卫生、艺术体育、法律、社会中介组织、民间社

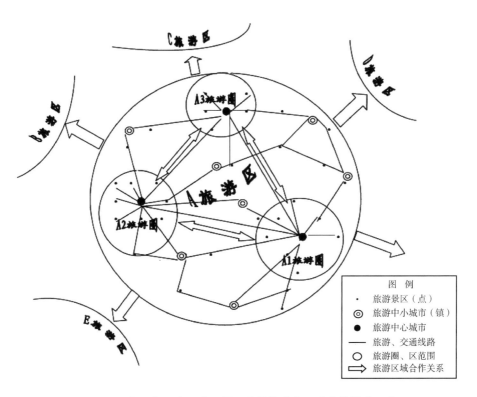

图 5-2 多极化、多层次、圈层式的旅游业区域合作模式示意

团、政府机关、公益事业等,形成了粤港澳三地各级区域联动的旅游发展模式。无论这种区域联动是否以旅游发展为目的,客观上对旅游业的区域合作与发展起到了极大的促进作用,特别是以旅游发展为目的的区域合作行动,更是取得了显著的成效。在粤港澳三地政府强有力的旅游合作与发展政策的推动下,三地的相关产业部门和社会组织积极支持、相互配合、联合行动,为旅游者、旅游业、区域环境提供并创造了良好的条件和基础。

3. 多种机制综合协调、政府力量积极主导的旅游业区域合作模式

粤港澳旅游业合作从外部表现形态上看,是主体多元化、行业综合性、区域联动式的旅游业合作模式。而这种模式的内在保障则是粤港澳多种机制的综合协调,粤港澳旅游业合作经历了 30 年的曲折发展时期,三地的各级政府、民间组织、市场多种机制对该地区的旅游业合作起到了综合的协调作用。市场利益是促进粤港澳区域旅游业合作的基础性动力机制，在世界经济一体化、中国对外开放及粤港澳经济长期密切合作的背景下，粤港澳三方的投资者看到了由于珠江三角洲地区经济腾飞所带来的巨大旅游消费需求和旅游业发展的潜在机遇，并且开始涉足粤港澳的旅游业开发。首先投资的领域是旅游接待设施和人造旅游主题园，随后各种类型的旅游企业在旅游业的各个领域掀起了区域合作的高潮。在粤港澳地区旅游企业开展合作的同时，引起了三方民间社团和社会组织的关注，三地的民间力量开始了旨在促进粤港澳旅游业发展的合作交流，通过一系列、各种类型的会议、服务、咨询、宣传、研究等活动有力地促进了旅游业的区域合作。在粤港澳旅游业合作的深入开展中，一系列涉及三方社会制度、政策机制、意识形态、生活方式、文化观念差别的深层次问题显露出来，并且直接影响到三地旅游业合作的良性发展。在以上问题通过市场机制无法解决的情况下，三方政府自然地走到了一起，为解决影响三地旅游业发展的深层次问题开始了卓有成效的合作，并且在随后的一段时期内对本地区的旅游业发展与合作起着主导性作用。

二、"泛珠三角"区域旅游合作模式的选择

1. 区域资源和产业结构不同的旅游合作模式

"泛珠三角"是一个内部差异特别显著的区域，省区与省间、同一省区内部市与市间，甚至同一市内部镇与镇间，旅游资源种类、数量、特色、地域结构都不尽相同，旅游产业结构也千差万别。但在"泛珠三角"这个大区域内，各地区间的旅游资源结构和产业结构具有较强的互补性，每个区域都具有相对优势的资源和要素。如粤港澳和闽、桂的沿海风光与大西南内地风情，珠江三角洲平原水乡景观与云贵高原景色，繁华的珠江三角洲都市群风光与云贵川偏远的乡野景观等。以差异性和互补性的旅游资源和产业结构为基础，通过形式多样的合作行动将"泛珠三角"各区

域的资源和要素整合起来，形成跨区域的旅游产业链和旅游产业集群（旅游生产综合体），就能发挥各地区的比较优势，共同将"泛珠三角"的旅游业做大做强，这主要有以下三种模式。

（1）以旅游产品生产和市场拓展为核心、以旅游线路组织为纽带的旅游合作模式。"泛珠三角"各区域的旅游资源特色各异，按照旅游资源的分类系统，以特定的旅游产品类型为主题，"泛珠三角"各个地区的旅游企业可以设计生产主题突出的旅游产品，针对特定的旅游市场，策划组织富有特色的、系列化的旅游线路，将"泛珠三角"相关的旅游景区景点串联起来，形成各具特色、异彩纷呈的旅游线路。例如，可以策划"沿海海洋旅游""云贵高原风光旅游""森林生态旅游""珠江三角洲都市旅游""少数民族风情文化旅游""红色旅游（即革命线路游）""珠江溯源游"等主题鲜明的旅游产品和旅游线路。这种合作过程，企业为主、政府支持、民间参与，是一种切实可行的区域旅游合作模式。

（2）以旅游投资和项目开发为手段、以打造旅游品牌为目的的旅游合作模式。由于旅游资源供给和投资需求的区域差异性，"泛珠三角"的粤港澳经济发达地区有大量的资本需要找到合适的投资渠道，而云、贵、川、湘等经济欠发达的地区旅游资源丰富，缺乏资金。为了共同的目标——打造"泛珠三角"世界级旅游区，粤港澳地区以政府直接投资和政府引导民间投资的方式向广大内地输入资金，开发内地旅游资源和项目，共同打造旅游品牌。自"泛珠三角"战略实施以来，珠江三角洲的许多资本已经投向了内地，与内地各区域开展了实质性的旅游合作，取得了良好的效果。

（3）以旅游人才交流为形式、旅游企业经营管理为内容的旅游合作模式。由于"泛珠三角"各区域旅游业发展的不均衡性，旅游人才成为许多地区旅游业发展的瓶颈，内地非常缺乏旅游业发展所必需的现代旅游企业和企业集团。所以，开展"泛珠三角"旅游人才的交流、旅游企业经营管理方面的合作非常必要。大珠江三角洲地区的旅游企业可以与内地的旅游企业横向联合，扶持帮助内地旅游企业的发展壮大，进而以此为阵地开发内地丰富的旅游资源和潜在的巨大旅游市场，无疑能够做到双赢。实际上，发达地区的旅游经济要素要想渗入欠发达地区，只有和这些欠发达地区的旅游经济实体交流合作，才能适应"水土"，"本土化"始终是区域旅游合作中绕不开的道。

2. 区域地理空间距离远近不同的旅游合作模式

"泛珠三角"区域内部各地区（主要是各级行政区域）的关系非常复杂，彼此形成了错综复杂的区域联系。根据已经形成的区域经济联系网络结构看，呈现出"多极化、多层次、圈层式"的空间结构特点（见图5-2）。这种区域合作是按照各区域地理空间距离远近不同而形成的模式，是"大珠三角"区域旅游合作的主要模式，同样适应于"泛珠三角"的旅游合作。具体而言，"泛珠三角"内部11个省区市之间，地理空间位置彼此相邻的区域之间形成了最为密切的旅游合作关系，共同构成最基本层次的"旅游合作圈（图5-2中的A1、A2、A3旅游圈）"，如业已形成的"粤港澳大珠三角旅游圈（图5-2中的A1旅游圈）""湘赣粤旅游区（图5-2中的A3旅游圈）"，此外如"粤桂旅游走廊""粤闽旅游合作区""云贵川旅游合作圈（图5-2中的A2旅游圈）""成渝旅游区"等。相邻区域之间旅游合作的领域可以是全方位的，合作方式多种多样。

对于空间不相邻的区域之间，可以以旅游产业的某种要素为纽带（如客源互送、相互投资、人才交流等），在特定的领域和范围内开展实质性的合作行动。如广东和四川、香港和江西、澳门和福建等，以及众多的次级区域之间可以广泛开展跨越空间的旅游合作。

3. 区域经济联系强度不同的旅游合作模式

由于历史、资源、技术、政策取向、地缘等因素，目前"泛珠三角"各区域之间的经济联系强度不尽相同，就目前"9+2"内部的合作现状而言，差异较大。既有一体化程度较高的核心合作层——"大珠三角"地区，彼此之间的往来有深厚的历史和人文的基础，经贸合作已达到十分紧密的程度，现实的发展定位体现明确的结构互补性，在一定程度上已实现经济的一体化。也有在未来的合作中以"一体化"为主、"多元化"为次的紧密层——湖南、广西、海南、云南和贵州,他们既有与核心层达到一体化的愿望,又有与其他区域(如长江三角洲、东南亚)开展合作的趋势。还有典型的多元化形态半紧密层——福建(要北承长三角、南接珠三角、东靠台湾、西进湘赣,建设"海峡西岸经济区")、江西(实施"对接长珠闽、融入全球化"的战略)、四川(既是成渝经济区的重要组成部分,又是长江经济带、大西南经济区的组成部分)。鉴于此,"泛珠三角"各区域之间的旅游合作可以形成以下三种模式。

(1)紧密型旅游合作。紧密型的旅游合作一方面指旅游合作的主体和对象,另一方面指旅游合作的领域和内容。就旅游合作的主体和对象而言,"泛珠三角"内部由于区域经济联系强度的差异,已经具有并且将有更多的区域之间形成紧密的旅游合作关系,如"粤港澳大珠三角黄金旅游区"、"湘赣粤红三角旅游区"、跨越粤桂滇等省区的"西江旅游带"等。这些紧密型的合作主体之间,可以开展各类紧密型的旅游合作行动,从资源开发、产品生产、线路组织、市场开拓、企业往来到政府合作、政策协调、联合执法、市场整顿等。就旅游合作的领域和内容而言,则是指对旅游合作具有决定性意义的旅游市场网络体系与企业合作组织,这是区域旅游经济合作中最为紧密的、关键的领域和内容。除了紧密型的合作区域外,非紧密型的合作区域,也能够在这些紧密型的领域内开展有效的合作。如互为旅游目的地和客源地、旅游景区开展横向合作、旅游饭店联盟形成饭店集团等。

(2)半紧密、半松散型旅游合作。对于"泛珠三角"内部经济(包括旅游经济)联系不够密切的区域之间,在旅游经济主体(旅游企业以及由之形成的旅游市场)的合作还没有大规模开展,合作关系不甚密切的情况下,可以开展半紧密、半松散型的旅游合作。比如,就阻碍旅游合作的某些区域障碍和壁垒,政府部门间、旅游行政管理机构间可以先期进行合作交流,制定有利于区域旅游合作的政策和措施,以消除障碍,促进区域旅游合作的逐步开展。如省与省、市与市的政府间,在不损坏双(各)方利益的前提下,本着求同存异、求真务实的原则和宗旨,制定合作协议、建立定期会晤（议）制度，协调解决旅游合作中存在的问题，为旅游企业间的紧密合作、旅游市场的相互开放和有序发展创造有利、和谐、稳定的环境。

（3）松散型旅游合作。松散的旅游合作模式指合作组织的非常设性及其合作行动的非常规性，民间组织间的合作是松散型旅游合作的代表。"泛珠三角"各地区的各种民间组织，如行业协（学）会组织、中介机构、高等院校、科研院所等，无论是否是（旅游）专业性的，都可以就"泛珠三角"旅游业发展的某个（些）问题开展小范围、特定主题的合作行动。如共同成立旅游协（学）会，联合建立旅游研究机构，共同组织旅游学术活动，召开旅游学术会议、研讨会，联合进行旅游项目研究，举办旅游（商品）交易会、博览会，等等。这些合作行动能够有力地促进旅游企业、政府间的紧密型和半紧密型的旅游合作，是紧密型和半紧密型旅游合作模式的有力补充，也是非常重要的区域旅游合作模式。

三、21世纪海上丝绸之路广东的国际旅游合作模式

借鉴广东与港澳、泛珠三角地区的旅游合作经验，结合21世纪海上丝绸之路沿线国家的地理区位、资源禀赋、经济状况、历史文化、政治模式等各种因素，在广东旅游发展的战略导向下，21世纪广东国际旅游合作可以采取如下四种模式。

1. 内容单一化合作模式——以旅游业某个领域为内容，特定目的驱动下的单一化旅游业区域合作

在两个或两个以上的区域开展旅游业合作初期，区域之间出于某种特定目的，如建立外交关系，打开民间往来的大门，在经济、文化、科技等领域开始迈出合作步伐等，一般会选择旅游业的某个领域（行业、部门）作为突破口，首先开展交流和往来，以此为契机，进一步扩大双边的交流合作。例如，相互开放旅游目的地、允许对方投资者来境内在规定的行业和领域进行多种形式的旅游投资开发活动（如合资或独资建造酒店、度

假村、旅游景区）等。这种"内容单一化合作模式"较多地存在于经济结构和发展水平、政治制度、文化背景、意识形态相差较大的国家和地区间。

例如，东北亚地区是"二战"和冷战时期国际矛盾的一个焦点地区，该地区的局势长期以来都比较紧张。在20世纪末期世界经济一体化、区域经济集团化的大趋势下，80年代中国最先提出开发图们江的建议，很快得到朝、韩、日、俄四国以及联合国的积极响应与支持，各国出于经济开发、政治对话、文化交流的需要，逐步走上区域合作的道路。在五国交通区位、经济结构、发展水平各不相同的情况下，旅游业成为相对比较容易突破的突破口。自20世纪90年代中期后，在联合国的支持下，图们江地区五国在基础设施、旅游、贸易、投资、环保等经济领域开展了有限度的、小范围的合作。五国以开放本国边境地区国民的跨国境往来为契机，在入境旅检、跨国观光、边境购物方面开展了尝试性合作。但由于各国在政治信任、市场制度、基础设施等方面存在很大的瓶颈制约，旅游业合作受到很大局限，至今没有形成规模，仍然停留于"内容单一化合作模式"的初级阶段。

广东在对外旅游合作中，对和我国的外交关系不甚密切的国家和地区，可以采取这种简易可行的模式，在旅游业的某个领域（如游客护送、线路组织、旅游人才输送、管理技术交流等）开展合作，而且许多合作都是在特定目的下进行的，如在国家的统一安排下，广东对"一带一路"个别国家的投资和帮助（政治目的）、广东企业对口援助（商业目的）、民间的自发合作（文化交流）等。广东和"海丝"沿线相距较远的国家，比如北非的肯尼亚、突尼斯、埃及、摩洛哥等的旅游合作就可以采取这种"内容单一化模式"。

2. 行业综合型合作模式——以旅游行业为主要内容，企业为主体、市场推动下的全行业合作

这一模式的特点是区域合作的内容涉及旅游行业的各个领域，包括各类旅游企业（旅行社、旅游公司、饭店、旅游景区），以及能为旅游活动提供直接服务的公共设施服务业（交通运输业、园林绿化业、自然保护区管理业、风景名胜区管理业、环境卫生业、海关与口岸边检行业、公安及出入境服务业）。旅游业区域合作的形式是各类企业在市场利益驱动下通过多种方式进行投资、经营、销售、管理等方面的合作，区域旅游业合作呈现出全（旅游）行业和综合性特点，并且，旅游行业的合作与其他行业和领域的合作形成相互促进、共同繁荣的互动关系，区域旅游业合作呈现出加速推进的态势。

这种旅游业区域合作模式一般产生在地理空间彼此相邻的区域（国家和一国内各地区）之间，旅游业各要素在临近的区域之间流动所受到的空间障碍和交易成本相对较小，容易形成密切的区域旅游关系。如我国和东盟国家的澜沧江－湄公河次区域旅游合作、广东和港澳的旅游合作、广东和闽琼桂省区的旅游合作、广东和泛珠三角的旅游合作、粤港澳大珠三角地区与泛北部湾区域的旅游合作基本上是这种合作模式。21世纪广东旅游对外合作，可以较多地采用这种合作模式，尽管在空间上没有相邻，但随着交通和互联网技术的发展，这种模式的合作也比较容易形成，它有利于形成区域联动效应，形成区域间全行业的合作。广东和港澳，广东和新加坡、越南、马来西亚、印度尼西亚等东南亚国家可以采用这种合作模式促进双边和多边旅游交流与合作。

3. 多元化全方位合作模式——众多产业参与，主体多元化、综合机制协调下的全方位旅游业区域合作

历史较长、发展较为成熟的区域旅游业合作，区域间不仅旅游行业全面形成密切的协作关系，而且国民经济众多产业，包括与旅游业密切相关、直接相关、间接相关的各个行业，都广泛地形成合作关系。区域合作的主体多元化，包括企业、民间组织、政府等，各地区的旅游业在市场驱动、政府推动、民间互动等多种机制下形成共生共荣、水乳交融、高度融合的全方位合作关系。这种"多元化全方位合作模式"以基本层次的旅游行业的全面合作为目标和内容，因此，必然要进行区域间基础设施、环境、政策、制度、管理、社会文化等深层次领域的交流、沟通与整合，这是区域旅游业合作发展到一定阶段的必然要求和表现形式。这种模式下的区域旅游业合作成为区域间经济一体化、社会互动化、文化整合化的重大力量和重要内容,是区域旅游业走向成熟化、高级化的标志。

目前,世界上具有这种模式的旅游业区域合作并不多,主要表现在发达国家和地区间的旅游业合作中。欧美发达国家和地区最为典型,亚洲的东南亚地区,我国国内的粤港澳地区、长江三角洲地区、环渤海地区、环太湖地区、京津承(德)地区、辽宁"金三角"地区、成渝地区等旅游业发达地区目前都是这种"多元化全方位合作模式"。广东和港澳台、广东和闽琼桂及泛珠三角地区之间的旅游合作,可以采取这种合作模式。

4. 关联性区域合作模式——非以旅游业发展为目的,但对旅游业有促进作用的区域合作

世界各国各地区的旅游业区域合作,有的是基于旅游发展的目的,有的并非出于发展旅游的目的,但区域之间经济、科技、社会、文化的交流与合作,都会不同程度地促进旅游业合作与发展。这种并非以旅游业发展为目的,但对旅游业有促进作用的区域合作,从旅游业角度看虽然难以用类似前三种模式那样总结出特定的规律和模式,但它仍然是一种不可忽视的"区域旅游合作"模式,有时甚至会对旅游业区域合作产生重大影响。如区域间基础设施的合作建设、社会治安与环境联合治理、环境保护与卫生事业合作、工农产业合作开发、高新技术和信息技术的合作发展、教育的相互交流与合作等,这些以经济、社会、文化为目的的区域合作是区域旅游业合作顺利开展必不可少的条件和保证。这种非旅游目的的"旅游业区域合作"涉及社会的各个领域和各个层面,形式非常复杂,几乎不可能用一种模式加以总结。从旅游业发展视角看,我们可以将这种模式称为"关联性区域合作模式"。这种合作模式,广泛存在于世界各种类型的区域合作中。

广东对外旅游合作,目前这种模式比较普遍,主要因为广东的旅游产业在国民经济中的地位比重不高,广东的制造业、对外贸易、高新技术和金融、文化等现代服务业占据很大比重,对外经贸交流合作,主要还是在这些领域。但这些领域的对外合作，间接地为广东旅游对外合作创造了有利条件，开辟了新的市场，甚至起到了先导的作用。这与作为先导产业的旅游业恰恰是倒过来的，与我国其他以旅游业为支柱、龙头产业的地区有较大的差异，如云南省、贵州省、海南省等。基于这种状况，21世纪广东旅游对外合作，在一些区域可以继续采用这种模式，如对西亚、中欧地区的旅游合作。

第六章

21世纪海上丝绸之路广东对外旅游合作的机制

分工合作、互助共赢是人类战胜自然、改造世界、创造生活，区别于动物界的最根本特点，区域合作是现代世界经济文化政治发展的突出特点。世界不同区域（国民、民族、社区）的合作具有现实的动力需求和内在的规律。广东对外旅游合作具有内在的动机机制，与海上丝绸之路沿线国家和地区的旅游合作，无论是理论上，还是现实上，都具有内在的必然性和现实的可能性，本章从广东对外旅游合作的动力机制入手，进一步研究其对外旅游合作的运行机制，内在动力机制和外在的协调、运作机制。

第六章 21世纪海上丝绸之路广东对外旅游合作的机制

第一节 广东对外旅游合作的动力机制

一、区域旅游合作的内在动力机制

1. 劳动地域分工是区域旅游合作的客观前提

劳动地域分工是人类经济发展中的基本规律和普遍现象，从劳动地域分工中获得区域利益（包括绝对利益和比较利益），是区域间开展旅游合作的直接驱动力。旅游资源的地域分异和区域差异导致区域之间旅游产业要素流动与重新配置，是世界各国各地区旅游产业分工与合作的基础因素；世界各国各地区的旅游者，在个性特征、旅游需求和旅游方式上的差别，是产生旅游者跨国、跨地区空间流动的根源。区域间通过旅游业的分工合作，可以扩大旅游资源与市场空间，共享旅游基础设施和社会条件，获取有利的旅游信息和技术，学习与引进先进的旅游管理经验和高级人才，促进社会文化交流与区域对外关系的改善，等等。从而不断壮大区域自身的产业发展空间，节约旅游业开发经营成本，最终提高自身的实力和竞争力。

2. 区域经济联系是区域旅游合作的现实基础

区际旅游产业要素流动的内容包括旅游资源、旅游产品、旅游劳动力、资金、旅游技术、旅游信息等。旅游业区域合作就是区域要素流动与经济联系的一种反映。旅游经济活动实际上是大量的旅游交易活动的集合体，旅游交易活动中同样存在交易成本和空间成本。世界各国各地区广泛开展的旅游业区域合作都是为了减少彼此间的交易成本，发挥各自的比较优势、获得各自的比较利益，从而达到整体发展、提高的目的。区域间通过"相对需求法则"形成旅游业合作关系，旅游业所服务的对象是旅游者，旅游活动实现的基本条件是旅游者对异域风光、异域文化的心理需求以及能为旅游者提供这种需求的异域风光、环境与文化。这种需求和满足构成了旅游现象的基本矛盾和旅游业区域合作的基本内容，旅游业区域合作就是围绕这种"相互需求法则"而展开，如旅游资源、产品的开发与旅游市场营销，旅游目的地建设与旅游客源地的促销。

3. 旅游地生命周期的存在促使区域旅游合作成为可能

旅游地生命周期是区域旅游发展的客观存在，旅游地生命周期过程不仅是时间的推进和延续过程，更是旅游地空间的结构调整和旅游产业演进过程。当一个地区的旅游地或旅游业进入停滞阶段、衰落阶段时，必须采取有效的措施促使其走向复苏和重振。不同旅游地进行协作联合，重新在一个更大的区域内整合旅游资源、调整产品类型和结构，形成优势互补、市场共享的合作格局，无疑是防止旅游地衰落并使其走向复苏的新途径。近年来，世界各国各地区许多历史较长的旅游地（旅游景区、旅游城市）通过企业重组、兼并、改制，资产重组、品牌渗透、股权转让，旅游区域之间的相互学习、共同开发与协调管理等途径，从死亡线上起死回生，重新走上健康发展之路。

4. 异域文化的传播与交流是区域旅游合作的重要推动力

旅游活动的本源和旅游现象的基本矛盾是人们渴望了解异域景观和文化的心理需求，它构成了旅游业的根本动力来源。旅游业区域合作就是为了满足这种需求所形成的一系列社会经济关系，并产生旅游文化现象。地域传播与交流是人类文化发展的根本特征，人类文化自古至今，一刻也没有停止过地域空间的传播与交流。旅游业的区域合作，包括旅游者区域流动，旅游企业的跨区域合作，旅游资本、人才、技术和信息的跨区域流通，都是进行地域文化、民族文化的跨区域传播、交流与融合的表现形式。旅游者选择出游的根本动机是向往和追求不同于本土文化的异域文化和异地环境，在目的地旅游过程中，旅游者与接待地之间在生活方式、语言、思想观念、价值取向和道德标准等文化层面上不断地发生传播与交流。旅游企业的区域合作交流，以经济合作与共赢为目的，以文化交流与共生为归属。企业的员工，企业的经营理念、管理方式，企业组织构架和企业文化在合作中，无不深深地打上了文化碰撞与交流的烙印。

5. 区域旅游合作是一项系统工程

区域旅游系统是一个由低级到高级、由混沌到有序、由不平衡到相对平衡的动态发展系统，系统结构的调整与优化、功能的提升是建立在系统不断输入"负熵流"的基础上的。任何一个区域都是一个与外界不断进行物质、能量和信息交换的开放的系统，旅游业区域合作就是不同区域系统之间互相交换旅游资源、产品、信息、技术、资金、设备、人力的过程，是不同的旅游系统之间进行物质、能量和信息交换的过程。一个区域旅游业如果没有与外界联系交往输入"负熵流"，终将会崩溃直至消亡。

6. 区域旅游竞合关系是区域旅游合作的直接动力来源

区域旅游业是一个不断进行结构调整、规模扩张、功能提升的动态的开放系统，在其成长及对外扩张的过程中，会在客源市场、资本、人才、旅游产品、发展机会等方面同与之相关区域的旅游业产生不同程度的竞争，从而使自身及其他区域旅游业原有系统结构发生一定的改变和紊乱，区际利益关系经历调整和重新构建。在共同利益驱使和理性选择下，区域之间便会以有利于双边或多边的方式开展协作联合，以扩展各自的发展空间，形成旅游"规模经济"，共同减弱甚至消除由于彼此竞争而带来的负面效应。如彼此向对方投资开发旅游资源，彼此共同开拓旅游客源市场，合作建设旅游基础设施，联合开展旅游市场秩序整顿与优化，共同解决跨区域的生态环境问题等。区域旅游业成长过程及其形成的区域旅游竞（争）合（作）关系是旅游业区域合作的直接动力来源。

二、区域旅游合作的区域利益机制

1. 资源互补，市场共享

由于自然条件与自然环境的地域分异规律作用及各地区历史文化背景的不同，旅游资源的分布具有不可移动性、地区差异性的特点。区域与区域之间的旅游资源数量、结构、质量、分布不可能完全一样，主导旅游资源也会有显著差别,区域之间的资源具有互补性。实行区域之间的合作,可以跨越地理范围限制,充分利用区域外的资源,能够在更大范围内实现资源的优化配置。资源互补通常是区域间旅游业合作的基础。

2. 促进地区分工协作,共同发展旅游业

区域旅游合作可以减少地区间的壁垒,特别是行政壁垒,为区域之间在更大范围内开展分工协作创造条件,从而更有利于各区域旅游经济效益的提高。区域合作不仅为旅游业发展主体的相互交流、合作提供了条件,而且解决了市场不能解决的分工协作问题,促进区域间"各尽所能、和平共处、共同发展"。如跨区域的旅游基础设施建设(交通、通信)、旅游环境整治、旅游安全维护与市场秩序整顿、旅游信息网络建设等问题都可以通过区域联合协商的方式妥善处理好区域分工与协作关系,在恰当的分工协作中明确各方的职能、责任、权利、利益和义务,并形成有利于各方的利益分配机制、调控监督机制、约束机制和风险承担机制。

3. 扩大要素流动范围,提高要素配置效率

区域旅游业在其成长过程中,经济规模不断扩张,市场范围逐渐扩大,物流、人流、信息流、资金流、技术流流动速度逐步加快。原有区域空间越来越不能满足要素扩张的需要,因而需要寻找新的更大的空间。特别是区域旅游企业营销网络的扩大和客源市场半径的增加迫使要素突破本区域限制,向区域外更大范围流动。区域合作为这种扩大的要素流动提供了发展空间,使不同区域的旅游产业要素相互融合,形成最佳的配置效率。发达地区的大量资本需要寻找新的投资项目和投资区域,一般选择资源、劳动力丰富但经济欠发达的地区作为合作的对象,以实现其资本增值的目的,欠发达地区的资源、劳动力与发达地区的资本、技术结合起来,就会产生新的经济增长机会,当地的资源得以开发利用、劳动力价值得以实现,两者的联合提高了双方要素的配置效率。国际上,实力雄厚的旅游企业(以著名的饭店集团为主)不断向发展中国家渗透、联合,为这些国家的旅游接待业和旅游经济增长带来了极大的帮助,就是这种动力机制的有力证明。

4. 合作开发与共同管理，实现区域旅游的"多赢"

许多旅游资源的分布具有跨区域（特别是行政区域）性特征，也就是说许多地理位置邻近的区域会共同拥有某些独立旅游资源实体的一部分，如一条风景河流流经几个区域（地区或国家），一座山脉跨越几个区域，一片森林覆盖地涉及几个区域，等等。这样，相邻的区域会因为共同拥有某种旅游资源而成为联合的对象，需要合作开发资源、共同管理资源。如果不进行区域协作，会出现两种结果：一是相邻区域要么没有能力（如缺少资金、技术、人才）开发，要么不愿意开发或暂不考虑开发（由于利益难以协调的缘故），最终共有的旅游资源得不到开发，失去其应有的旅游价值，这是各区域都不愿出现的结果。二是由于资源的跨地域性，各方为了各自的利益互不相让、互不妥协，无法达成合作，也无法实现资源开发；或者都只是在各方境内按照自己的方式进行开发，而不顾及其他区域，最终导致旅游资源的破坏。这种"不合作"多以第二种形式出现。一旦出现这种混乱局面，区域之间最终会"艰难"地走到谈判桌旁，开始不情愿又不得已的合作。无论这种合作出于什么目的，对旅游资源开发与保护本身都是有益处的。随着合作的深入，区域之间由不自觉到自觉，由消极被动到积极主动，最终形成旅游资源合作开发、旅游业的共同管理的内在动力机制。

5. 减少地区冲突，缓和区际关系，保持社会稳定

每个区域都有着各自独立的利益，而且有着各自的发展目标和模式，在复杂的经济及社会交往中会触及其他区域的利益，由此产生区域冲突。在旅游业发展中，旅游资源开发与管理、旅游设施和项目的建设、旅游服务的提供与市场秩序的稳定等方面如果处理不好便会产生区域矛盾和冲突。为了减少冲突带来的利益损失，区域之间常会选择协商方式实现联合协作，共同解决产生冲突的问题，以缓和紧张的区际关系，保持各自的经济健康发展和社会稳定。从这个意义上说，区域间的联合不仅具有经济的目标，更具有政治意义。

6. 经济、文化、政治相互融合

旅游业区域合作，政府充当着重要的角色，政府在区域合作与发展中的目标是全方位的，即在进行旅游业合作中，谋求区域经济的增长、文化的交流与融合、政治上的信任与联盟。有的区域合作目标是要在合作的范围内实现区域一体化，包括经济、政治和文化高度融合、共生共存、和谐统一。如近年来，东盟的区域合作进程加快，合作范围扩大到非东盟组织的国家和地区，包括中、日、韩三国。目的就是要建立一个经济自由化、政治一体化、文化区域化的"东亚自由贸易区"。旅游业成为"10+3"组织最重要的合作领域之一，旅游合作是促进"10+3"经济、文化、政治相互融合的主要手段和重要途径。

三、区域旅游合作的微观动力机制

企业是区域经济发展的微观主体，是实现区域发展目标的核心力量，是区域利益的主要实现者。区域之间的企业协作构成了区域合作的主要内容。企业跨区域协作的动力机制主要有以下六个方面。

1. 规模化发展需要

和其他类型的企业一样，旅游企业的发展也受"规模经济"规律支配，企业的生产规模、资产总量、原料来源、市场范围都会不断扩大。在企业规模扩大过程中，原区域的原料供应、市场容量已显得过小，企业不得不向区域外拓展原料来源渠道，拓展市场空间，寻找新的生产项目、投资区域和合作伙伴，通过兼并、合资合营、收购、重组、特许经营、连锁经营等方式与区域外同类企业广泛进行合作，以壮大自身规模，占领更大市场空间，获得规模效益，保持并增强竞争力。规模化发展能为旅游企业带来效率优势和成本优势。近年来，旅游企业规模化发展的趋势是企业集团化，集团化发展遍及世界主要的饭店集团、旅行社集团和旅游公司。

2. 协调企业间利益关系，加强企业间分工合作，提高企业竞争力

在世界旅游业快速发展的今天，旅游企业之间的竞争日益激烈，不规

范甚至恶性的市场竞争往往使竞争者两败俱伤，严重的会造成企业的破产。企业间一旦采取相互协商合作行动，就会开展分工协作，在竞争中谋求共同利益，减少甚至消除由恶性竞争而带来的损失。通过企业合作，能有效协调彼此的利益关系，形成合理的分工协作，共同丰富产品结构，扩大市场份额，壮大经济实力，提高企业竞争力。现实中，许多弱、小、散、差的旅游企业，一些处于同一区域的同类型且实力相当的企业，通过多种形式的协作联合，如兼并收购、重组参股、战略联盟、特许经营等，弱者变强，强者更强，小者长大，大者更大。这些都有力地促进了区域旅游企业的结构调整和优化、企业实力和品牌的提升、区域旅游基础的夯实和旅游竞争力的增强。

3. 扩大资源利用范围，拓宽市场发展空间，增强企业实力

旅游企业所拥有的资源，不仅包括自然旅游资源和人文旅游资源，还包括人力资源、资金、信息资源等。区域协作联合，可以增加旅游企业利用资源的种类、数量、质量，丰富旅游产品类型、延长旅游产业链。在竞争激烈的经济时代，单个企业的市场拓展能力受诸多因素的制约而变得极为有限，企业要有效地拓展市场范围，只有依靠联合，将其他企业的市场也纳入自身的市场范围才能实现目标。企业联合可以越过地区封锁和市场壁垒直接在合作对象的区域内面向市场开展营销，或者吸引区域外的市场来本区域消费。旅游饭店集团的跨国、跨地区合作经营，就是通过在他国、地区建立连锁饭店（或成员饭店）直接吸引当地人，从而达到扩大市场的目的。旅游景区（点）的异地合作，则可以在异地向当地客源市场开展宣传推广，最终吸引异地游客前来本景区（点）进行游览、观光、度假等活动，如此，其市场范围比原市场要大。

4. 引进管理机制和经验，学习先进思想，提高企业综合素质

许多地区的旅游企业之所以显得弱、小、差，并非其资金、人力资源、区位、客源分布等条件不好，主要原因是企业经营思想观念落后，规划设计和管理技术落后，经营管理机制不灵活。这种情况在发展中国家和落后地区表现最为突出。旅游企业要发展壮大，靠自身单打独斗，不进行行业联合、区域协作，就难以创新和发展，难以学习并借鉴世界先进的企业管理经验、先进的生产技术和经营思想，难以获得较快的发展。通过企业协作联合，实现优势互补，互相学习借鉴，共同探索、创新。特别是与发达国家和地区的企业合作，能获得著名企业的无形资产：品牌、管理经验、经营机制、企业文化等。近年来，国外旅游企业集团携资金、技术、管理和相关旅游资源大举进军中国市场，除了一些国际大饭店已进入中国市场外，其他实力雄厚的旅游企业，如日本交通公社，美国运通公司、迪士尼公司，德国 TUI 集团、凯撒旅游集团、舒曼旅行社，等等，纷纷以合资合作方式进入中国，为中国旅游企业提高综合素质、逐步走向国际带来了巨大的机遇。

5. 联合治理并优化环境，促进企业持续发展

旅游企业在开发旅游资源、组织旅游线路、建设旅游设施和项目等方面经常会遇到资源分布跨区域、基础设施，旅游线路、环境污染跨区域等问题。如果单个企业独立解决这些问题，势必因成本、技术、利益关系等因素影响而收不到预定的效果。为了降低开发成本和环境治理与保护成本，克服技术障碍，提高旅游经济效益，企业与企业之间往往联手行动，共同治理环境，实现企业可持续发展。跨境河流、山脉、海域的旅游资源开发和环境治理，跨区域的旅游安全保障、应急事故和公共危机的处理、旅游政策环境的统一协调等方面成为近几年旅游企业跨区域合作的重点领域。

6. 政府和社会的引导与服务，旅游企业健康发展

政府为了实现地方经济增长，增加当地就业，调整经济结构，改善经济环境，提高区域创新能力，完善管理机制，增强区域竞争力，引进管理和技术经验，促进要素流动等目标，为不同地区间的旅游企业合作提供引导与服务，如信息、服务、政策、协调、扶持、优惠等，为企业合作营造良好的区域环境，使旅游企业产生合作动力和需求。社会组织也经常为旅游企业的跨区域合作提供便利，如金融、咨询、宣传等，促进区域内企业健康发展及区内外企业的合作交流。这些来自旅游企业外部的环境条件也构成了企业实施跨区域合作的重要推动力量。

第二节 广东对外旅游合作的内在机理
——基于粤港澳的分析

21世纪海上丝绸之路，广东对外合作，首先是与港澳地区的合作，其次就是与闽琼桂沿海省区和内地"泛珠三角"区域的合作，最后才是与"海丝"沿线国家和地区的合作。这种合作的区域梯度是客观存在的，广东与这些不同区域的合作，如前所述，存在客观的必然性和条件的可能性，即具有内在客观机理，不以人的意志为转移。但广东与不同区域合作的内在机理既有共性，又有个性，本节广东与邻近的港澳地区的合作，就存在深刻的内在机理，这种机理是粤港澳成为"一家人"的内在动力，也是持续发展的坚实基础和可靠保障。分析这种机理，可以为广东与其他国内外区域旅游合作提供理论依据和合法性解释。

一、粤港澳旅游业合作的自然基础——地理环境的整体性和差异性

粤港澳地区位于中国大陆的南部，陆域与广西、湖南、江西、福建相邻，隔琼州海峡与海南省相望，邻近东南亚诸国，是中国的南大门。三地地理区位相同，地理沿革一致。从考古发现的曲江马坝人算起，广东在10多万年前便已有人类在此生息繁衍了。从地理环境各要素及整体特征看，粤港澳构成了中国一个独立、完整的地理单元。在整体性地理环境下又形成了相似的经济和社会生活生产方式，这种同根同源的社会生活方式尽管由于港澳短暂历史的分隔受到影响，但随着港澳回归又迸发出了强大的生命力，并将永远延续下去。珠江流域将粤港澳紧紧联系在一起，造就

了一个四季如春、物产富饶、经济繁荣的南方世界。南国先民以及北方移民至广东的"客家人"在这美丽、富饶的土地辛勤劳作、世代相传,创造了灿烂辉煌的岭南文化。粤港澳"同饮一江珠水,共铸三颗明珠",具有中华民族的传统血脉,中国文化的巨大亲和力。多年来,粤港澳都是"一家亲,万事兴",谁也离不开谁。

在由南亚热带、热带气候条件、山地、丘陵、平原、河网水系、海滨、海岛构成的地形地貌格局以及由此而形成的鲜明的地域文化背景下,粤港澳地区具有丰富多彩、种类齐全、差异显著、互补性强的旅游资源和旅游产品:粤东的海滨沙滩、山区"三高"农业、休闲度假、客家文化、潮汕文化、名人故里、宗教建筑,粤北的丹霞地貌、峡谷漂流、南宗祖庭、瑶族风情,粤西的海滨度假、岩溶风光,珠三角的开放城市、水乡泽国、主题公园、工业科技,港澳的国际都市景观、中西文化交流、"东方之珠,动感之都"、"东方的蒙地卡罗"等,旅游资源和旅游产品区域差异显著,具有极大的互补性。港澳珠三角居民向往回归自然的生态旅游、乡村旅游,纷纷将粤北、粤东、粤西视为自己的"后花园",潮水般地涌向山区,投入大自然的怀抱,欣赏原始自然风光、品尝农家美食、体验乡村生活。山地、丘陵、森林、河湖、峡谷、温泉、农业生产成为城市居民最理想的旅游去处,粤东、粤西、粤北的城乡群众视港澳珠三角为自己的最佳旅游目的地,逛广州商业步行街、赏深圳繁华都市景观、住珠海星级宾馆、去香港观光购物、参加"澳门环岛游",是他们的主要旅游方式和生活富裕之象征。

二、粤港澳旅游业合作的文化渊源——人文历史的悠久性与传承性

1. 历史发展与粤港澳文化渊源

南粤天生与香港、澳门山水相连,潮汐与共、晴雨相关。考古发现,史前时期,东莞、深圳、香港以及中山、珠海、澳门等地,属于同一文化

圈。南粤与中原大地因五岭阻隔而"自成一地",而它面对浩瀚南海,经过几千年的洗礼,来自中原的汉族文化逐渐融入了开放、求实、善变、革新、取巧的性格,形成了"标新"和"立异"的风格,这就是脱胎于中原文化又不完全相同的南粤文化,有学者称之为岭南文化,有的则称为珠江文化。

至近代香港和澳门被殖民主义者占领以前,港澳只是广东沿海地区的小村落,以广州为中心和代表的粤文化始终是粤港澳文化的主流。"一国三治"下的粤港澳社会文化交流依然频繁,尽管三地的社会生活方式、文化特征、政治制度出现了分歧,但三地"同脉、同根、同源"的本质没有改变。中华民族的强大凝聚力、中华文化的巨大影响力使粤港澳三地最终由"一国三治"走向"一国两制",在社会文化上继承和体现了中华文化的"和合"传统。粤港澳三地所存在的多元文化之间兼容互利、共生互动、圆融通达。在中华民族传统文化的巨大凝聚力下,在粤港澳之间长期历史交流下,20多年来,三地的经济、社会、文化关系更加密切,旅游交往更加繁忙。

2. 文化差异与"一国两制"

"一国两制"政策所确定的港澳特殊的社会、政治制度,成为粤港澳三地经济、政治、文化相互学习、借鉴、完善的内在动力机制。博大精深的岭南文化和广东富有的人才资源,使得港澳在高雅艺术、人文科学等精英文化方面无可比拟。受西方市场经济和商业文化的影响和熏陶,港澳地区的商业文化,如流行音乐、大众娱乐、通俗文学、大众影视等高度发达,非广东及内地可比。粤港澳之间的这种文化差异正好为彼此的文化交流与合作创造了极为有利的条件。改革开放以来,大陆精英文化流向港澳,港澳商业文化传至内地的双向交流得以充分开展,这种文化交流不仅为粤港澳之间旅游业合作提供了可能性和必要性,而且成为旅游业合作的重要内容和必然趋势。通过三地的探亲游客、商务游客、观光游客的互动及各种旅游活动的开展,通过三地旅游企业的合作、旅游产业的互补、旅游服务的互换以及政府间的联合,可以很好地传播、交流三地各具特色的文化，包括物质景观、思维方式、经济模式、政治结构、价值观念、生活方式、宗教艺术、民风民俗、教育科技、语言文学等。

三、粤港澳旅游业合作的社会必然——经济发展的差异性与互补性

1. 地区经济基础与发展水平的差距——粤港澳旅游业合作的必要性

粤港澳地区虽然在地脉、史脉、文脉上同属一个区域，但由于多种主客观原因，时至今日，这个区域是我国乃至世界地区经济基础与发展水平差距非常显著的区域之一。这种差距具有明显的梯度性和层次性，使本区域内各地区间的经济交流与互助成为必要与可能。港澳珠江三角洲地区经济基础和发展水平差距也较明显，香港、澳门是中心区域，珠江三角洲则是其外围区域，经济要素主要从港澳地区流向珠三角。从旅游产业方面看，港澳珠三角的资金、旅游企业（包括人才、技术、管理经验）向内地投资、合作兴建旅游景区、饭店、度假村、旅行社、交通设施等就是经济要素由核心区向边缘的流动。另外，港澳珠三角地区巨大的客源流向粤东、粤西、粤北地区，将广大山区和农村美丽的山水风景、完好的生态环境、浓郁的民俗风情、舒适的度假中心、原始的农村风貌等作为自己的理想目的地，这就等于边缘山区和农村地区的自然旅游资源等要素向发达的港澳珠江三角洲地区输入。

2. 地区经济结构差异与互补——粤港澳旅游业合作的可能性

地区经济结构差异是引起地区间经济要素流动、形成劳动地域分工、实施地区经济联系的根本因素。经济结构主要表现形式是产业结构，产业结构变动是促进经济发展的根本动力。粤港澳地区产业结构的差异由来已久，改革开放以来，珠江三角洲与港澳地区在产业方面形成的"三来一补""前店后厂"式分工模式就是经济要素在两个地区间流动、分工形成的结果。粤港澳产业结构的差异与互补性对三地经济合作的意义全方位体现在各个领域和行业，包括农业、工业、商业服务业、金融、交通运输、

旅游业、文化产业等。

3. 长期密切的经济联系——粤港澳地旅游合作的良好基础与客观存在

广东是我国内地唯一与港澳水陆相连的省份,人文历史联系久远,三地的资源、区位优势互补,地缘、亲缘、人缘、乡谊、历史、文化诸因素相通和交融。三地的经济联系源远流长,特别是改革开放以来,与国内其他省份相比,广东与港澳的经贸合作关系,时间最早、速度最快、联系最密切、依存度最高、互补性最强。久远而密切的粤港澳经济合作为该区域的旅游业合作打下了深厚的经济、社会、文化基础,是旅游业区域合作、民间往来、社会文化相连的基本条件。改革开放的实施加快了该区域旅游业合作的速度、加大了旅游业合作的广度和深度、提升了旅游业合作的层次和水平。自1997年粤港澳三地首次合作30年来,粤港澳三地特别是珠港澳之间,已经形成了互补互利、紧密相连、高度依存、共生共荣的亲密合作伙伴关系,一个"紧密整合的大珠三角经济区"已成规模,成为国内经济最发达的区域之一,为世界所关注和认可。2017年7月,"大珠三角经济区"上升为"粤港澳大湾区"国家战略,三地的合作与发展进入全新的高度、深度、广度和速度。

第三节 广东对外旅游合作的行动机制

区域合作是一种综合性经济社会行为,必须通过一定的合作组织和机构来建立和实施,通过一系列合作制度和规则得以保障。"21世纪海上丝绸之路"是一条全球性的多国合作"之路",各国各地区千差万别,没有有效的旅游业合作组织和制度作保障,就不可能达到区域合作的目标。作为世界最大发展中国家的经济大省,广东对外旅游合作,既要继往,更要开来,在旅游业区域合作新时期,与"海丝"沿线国家和地区进行旅游合作协调组织、机构、制度和规则的创新,是实现广东旅游发展战略目标的保证。这种创新是全方位和立体式的,包括从政府到社会、民间,从政府到旅游企业,全面革新与提升。

一、建立广东与"海丝"沿线国家和地区间多层次、多形式的旅游协调机构

目前,广东对外旅游合作,针对"海丝"不同的国家和地区,探索不同的机制,但仍然处于不成熟的成长期。因此,需要与他国建立旅游行业协调组织,充分发挥"海丝"不同的国家和地区内各类企业及各类非政府组织的协调作用。旅游行业协调组织,是旅游系统内各行业部门根据自愿平等、互利互助的原则组成的合作与协调组织,是实行旅游行业系统自我规范、自我约束、内部协调、内部监督的最有效组织形式。它们与政府旅游协调机构形成相互促进、相互补充的关系,是区域旅游协调机制的重要组成部分和主要形式。可以考虑有选择性地成立与"海丝"有关国家和地区的各类旅游行业协会,包括旅游企业协会(又可分为旅游饭店协会、旅游景区协会、旅行社协会、旅游交通运输协会)、旅游人才与教育协会、旅游者协会、旅游研究协(学)会,关于"海丝"国家和地区的"旅游合作基金会",关于"海丝"国家和地区的"旅游发展研究院(所)",等等。政府间的旅游协调机制,即通过广东省与"海丝"国家和地区的政府(包括旅游部门、交通部门、贸易部门等)建立长期或非常设性的协调机构,共同推进双边的旅游合作。

二、制定广东与"海丝"国家和地区旅游合作的协议、规则、制度、标准等

广东与"海丝"沿线国家和地区,政府间、旅游企业间、民间组织间,根据行业发展需要及自身特点,按照国际法律规则、WTO 机制和双

边关系,按照自愿平等、公平开放、互利互惠的原则,制定并完善"海丝"国家和地区旅游合作的协议、规则、制度、标准等,以规范并指导"海丝"国家和地区旅游业区域合作行动。包括旅游投资合作协议、旅游企业合作协议、旅游服务合作规范、旅游规划技术合作标准、旅游市场促销协议、旅游争端解决机制、旅游资源开发与产品设计标准等。

三、建立广东与"海丝"国家和地区的旅游发展区域联动机制

建立"海丝"国家和地区的旅游发展区域联动机制,例如,建立旅游企业交流合作平台,各方积极促进旅游企业之间的友好合作;大力打造"海丝"旅游精品线路;整顿旅游市场,优化旅游环境,在中国和东盟地区之间尝试建立国际无障碍旅游通道;促进广东与"海丝"国家和地区在旅行社、饭店和景区管理培训方面的交流与合作,加强信息交流,在广东与"海丝"国家和地区之间建设旅游信息平台,共享旅游信息资源,利用互联网等高科技手段建立客源推荐网站。近年来,一些国家相继出现旅游安全事件,导致游客人身伤亡,产生了很大的负面影响,应当引起注意,因此,加强国际旅游市场联合执法,确保各国游客的人身和财产安全,显得尤为重要。

四、建立"政府组织、企业为主、民间参与"的旅游合作机制

广东与"海丝"沿线国家和地区的旅游合作,涉及国家主权、国家利益、市场交换、民间往来的复杂双边关系。整体而言,双边的旅游合作需要以政府为纽带,政府组织、推进旅游合作,以旅游企业合作为主、为核心,通过旅游企业间的合作,在旅游资源区域配置、旅游产品输入输出、旅游市场渗透共享等方面实现双边的旅游利益共赢、风险共担。民间

机构在政府和企业之外，起到沟通、交流、协商、推进的作用，在政府和企业触及不到的领域起作用。当然，在不同的合作区域，政府、企业、民间三方所起的功能和作用，在具体时间和空间上会有所差异。如在市场经济成熟的国家和地区，企业合作会较强，政府合作和民间来往会较弱。

第七章

21世纪海上丝绸之路广东旅游重点领域行动策略

明确了"21世纪海上丝绸之路"广东旅游发展战略目标和战略重点，确立了广东旅游融入世界、引领"21世纪海上丝绸之路"的思路，明晰了广东对外（重点是"21世纪海上丝绸之路"）旅游合作的内容、模式和机制，最后就需要行动。从重点领域突破、以重点内容带动，是实现"21世纪海上丝绸之路"广东旅游发展战略目标的必然选择。本章从旅游发展的一般规律和趋势出发，分析广东旅游发展的四个重点领域——海洋旅游、文化旅游、城市旅游、乡村旅游的优越条件和深厚基础，回顾、总结了广东旅游四大领域的现状及问题，提出了以"粤港澳大湾区"为统领、以融入并引领"21世纪海上丝绸之路"为总体目标，发展广东海洋旅游、文化旅游、城市旅游、乡村旅游的一系列政策、策略或措施，为广东旅游持续、健康发展，推进"21世纪海上丝绸之路"走向成功，构建"人类命运共同体"做出更大贡献提供可供借鉴的思路和对策。

第七章 21世纪海上丝绸之路广东旅游重点领域行动策略

第一节　广东海洋旅游发展政策与策略

我国位于亚欧大陆东部、太平洋西岸，是一个海陆兼备、海岸线漫长的国家，是海上丝绸之路的起点，海洋资源极其丰富。推进"21世纪海上丝绸之路"建设，首先是发展海洋经济，在海洋经济中，海洋旅游产业又是条件优越、潜力巨大的方面。据统计，2017年，我国主要海洋产业增加值构成中，滨海旅游业独占鳌头，占46.1%，其次是海洋交通运输业（19.9%）、海洋渔业（14.7%）、海洋工程建筑业（5.8%）。进入21世纪，我国沿海各省区市加快了海洋开发的步伐，海洋经济得到了长足的发展，推进"21世纪海上丝绸之路"建设具备了坚实的物质基础和良好的经济条件。这为处于我国和东南亚桥梁地带的广东省的发展海洋旅游、建设海洋经济强省迎来了新的历史机遇。

一、广东发展海洋旅游的优势条件

广东是中国面向东南亚、海岸线最长、对外海洋交通联系最便捷的省份。广东濒临南海，全省海岸线长4114.3千米，约占全国海岸线的1/3，居全国首位；同时，广东岛屿众多，约有1100个大大小小的岛屿，岛屿面积1500多平方千米，居全国第三位；海域总面积达41.9万平方千米，拥有多样的海岸类型。广东地处亚热带，气候温暖、环境舒适、阳光充足，大部分海域海水水质符合清洁、较清洁水质标准。全省可供开发的滨海沙滩有174处，沙滩总长572千米。海岛众多，大于500平方米的海岛有759个，海岛岸线长2428.6千米。红树林面积较大、分布较广，并有着中国大陆架上面积最大、保护最完好的珊瑚礁群。在广东省广阔的海域内，生活着多种海洋爬行动物与海兽，有海豹、长须鲸、灰鲸、海龟、海豚等物种，尤其是海龟、海豹、海豚等海兽，备受广大旅游者青睐，具有很大的开发利用价值。海水、沙滩和阳光被世界旅游界称为海滨旅游不可缺少的资源，广东近海地域，海水平静湛蓝，海滩平坦舒展，沙质细腻柔软，而且全年日照充沛，海洋旅游资源极其丰富，发展海洋旅游的自然条件极其优越。广东又是我国改革开放的前沿地区和对外窗口，我国的沿海开放政策，促使广东省沿海城市迅速崛起，城市建设日新月异，滨海各城市有众多的文物古迹和独特的民俗风情，深厚的历史文化、多元的城市景观和多彩的城市生活，也成为广东省重要的海洋旅游吸引物。

二、广东海洋经济与海洋旅游发展概况

2011年7月，国务院批复同意《广东海洋经济综合试验区发展规划》，广东海洋经济综合试验区建设正式上升为国家战略，拟将广东建设成为我国提升海洋经济国际竞争力的核心区、促进海洋科技创新和成果高效转化的集聚区、加强海洋生态文明建设的示范区和推进海洋综合管理的先行区。2012年，广东省人民政府组织完成了《广东省滨海旅游发展规划（2011—2020年）》。2013年，国家旅游局将中国的旅游主题确定为"海洋旅游年"，海洋旅游进一步得到重视。广东省人民政府在"十一五"规划期间，便开始发展海洋经济的各项战略部署，并连续开展广东省海洋经济发展"十二五""十三五"规划。2017年，广东省人民政府及海洋与渔业厅组织编制完成《广东省海岸带综合保护与利用总体规划》、广东省发展和改革委员会及广东省海洋与渔业厅编制完成《广东省海洋主体功能区规划》，推动广东沿海海湾更加美丽、海洋产业布局更加均衡、海洋和陆地发展更加协调。

经过系统的规划和开发，广东省海洋旅游资源得到合理的开发利用，海洋经济不断壮大，海洋经济结构得到进一步调整和优化，海洋旅游产业潜力被大大激活。海洋生产总值从2012年的1.05万亿元增长到2017年的1.78万亿元，年均增长11%，连续23年居全国首位，占全国海洋生

产总值的1/5，占全省生产总值的1/5，海洋经济成为广东经济发展新的增长极。① 广东海洋旅游产业正在持续快速增长，海洋旅游成为海洋经济的支柱产业之一。广东现已形成了游海水、观海景、食海鲜、住海滨的黄金海上旅游经济圈。海洋旅游经济主要分布在以深圳为主的中部和粤东、粤西三大区域，中部滨海旅游开发配套设施完善，以发展临港邮轮、游艇旅游为主，东西两边的海岸以滨海观光度假为主。广东现有的几个滨海旅游休闲度假区，沿海岸从西南向东北依次是：湛江雷州半岛、阳江海陵岛、江门川岛、深圳大鹏湾、惠州大亚湾、汕头青澳湾、汕尾红海湾等。

广东海洋旅游发展主要集中于近海海域，海岛开发力度严重不足，特别是粤东粤西有很多海岛尚未开发。这是广东海洋旅游发展的不足，对加快推进海洋经济强省、海洋旅游大省建设不利，对引领"21世纪海上丝绸之路"建设不利。

三、广东发展海洋旅游的规划思路

2017年广东省海洋与渔业厅、广东省发展和改革委员会联合制定了《广东省海洋主体功能区规划》和《广东省海洋经济发展"十三五"规划》，规划广东海洋开发空间格局和海洋经济"十三五"目标和重点。规划未来广东和港澳、闽、琼等地区构筑起三大海洋经济合作圈：粤港澳海洋经济合作圈、粤闽海洋经济合作圈、粤桂琼海洋经济合作圈。规划提出，未来5年甚至更长时期，广东省海洋经济将重点建设三区三圈两基地，建设特色海洋产业，加快发展海洋服务业，构建海洋开放合作新格局，强化国际海洋合作。其中滨海旅游业是海洋经济发展的重点产业和领域，未来将增加休闲渔业博物馆、海洋博物馆、民俗渔文化博物馆等渔业文化设施建设，丰富都市型渔港功能，依托现代渔港经济区，带动沿海经

---

① 2018年2月7日广东省海洋与渔业工作会议上发布的数据，南方网，2018年2月8日。

济、城镇化建设和滨海旅游发展。建设多层次海洋主题公园，打造高端海洋旅游品牌。发展邮轮游艇、海上运动、海底潜游、国际会展等新型消费业态，开辟海上丝绸之路旅游专线。创新滨海观光、生态休闲、海水温泉等游憩模式。探索以旅游度假为主体功能的无居民海岛整岛开发方式，打造广东海岛旅游品牌。培育游艇旅游大众消费市场。

《广东省海洋经济发展"十三五"规划》还提出了三大滨海旅游工程：①重点发展广州、深圳、珠海、汕头、湛江五大滨海城市和海陵岛群、川山群岛、万山群岛、大亚湾中央列岛、南澳岛、湛江湾六大岛群的滨海旅游业。以珠海横琴长隆海洋世界、阳江海陵岛"南澳一号"等精品旅游线路为突破口，培育国际精品海岛休闲旅游品牌。②重点培育粤港澳珠江口湾区、川岛区、海陵湾区、南澳岛区、深圳大鹏湾区、珠海沿岸与海岛群、惠州稔平半岛、水东湾和大放鸡岛、湛江湾区九个带动型的滨海综合旅游区。③打造广州南沙和深圳太子湾国际邮轮母港基地、中山磨刀门神游艇主题休闲度假基地、江门银湖湾游艇主题休闲度假基地、东莞虎门威远岛爱国主义教育基地、中山翠亨新区爱国主义基地、汕尾红海湾海洋运动旅游区、潮州柘林湾海上牧场、揭阳惠来东方夏威夷国际旅游度假区等具有专业化特色的重点滨海旅游基地。

四、广东发展海洋旅游的政策与策略

为了充分利用广东省地理位置、交通区位和海洋资源的巨大优势，实现《广东省海洋经济发展"十三五"规划》中关于海洋旅游发展的目标，把广东建成我国的海洋经济强省和海洋旅游大省，成为名副其实的"21世纪海上丝绸之路"的引领者，笔者认为需要在政策、机制和模式上进行创新、突破。

1. 以"21世纪海上丝绸之路"大视野指导广东海洋旅游发展

在旅游业区域竞争越来越激烈及国际化、全球化步伐逐渐加快的今天，任何一个区域的旅游业要想获得长足、持久的发展，都需要面向国际市场，走区域合作的道路。尤其对处于区域门户区位、海陆兼备的滨海区域，更应该走国际化、全球化发展之路。历史已将广东推向了中国对外开放新时代格局的最前沿，"一带一路"和"21世纪海上丝绸之路"倡议的广泛、深入推进，为广东旅游走向世界创造了良好的机遇，广东发展海洋旅游，唯有以"21世纪海上丝绸之路"大视野为指导，充分利用"两个市场""两头在外"的便利条件和自身优势，融入国际旅游大舞台，建成世界级旅游目的地。因此，有必要补充、完善与广东海洋经济、海洋旅游发展相关的规划和政策，突出国际化战略，增加与国外合作的内容，弥补其中的缺陷和不足。

具体而言，广东在海洋旅游资源开发、旅游目的地（滨海旅游风景区、海岛旅游度假区、滨海旅游城市）开发、旅游交通和环境建设、旅游企业经营、旅游教育与人才培养、旅游新技术应用等方面，都要立足广东和粤港澳、放眼世界。以带领"21世纪海上丝绸之路"为首要目标，寻找全球合作伙伴，吸纳各国资源和要素，引进各国资金和技术、人才，广泛、深入地参与到广东海洋旅游开发中来。让外资、外国人、外国企业，特别是海外华人华侨，多领域、多层次、多样化开发广东海洋旅游，把广东及粤港澳大湾区建成名副其实的国际旅游区和世界级旅游目的地。

2. 加快广东海洋开发的开放步伐，进一步扩大海洋旅游的开放领域

扩大海洋旅游的国际合作，是以减少并打破开放限制为前提的，"21世纪海上丝绸之路"沿线几十个国家和地区，在经济体制、政治模式、法律体系、社会文化等方面与我国有或多或少的差异。就连紧邻广东的港澳地区，也是"一国两制三地四种文化"，经贸文化合作和人文交流还存在一定的障碍。海洋经济合作，更关系到国家领土和主权、涉及国际法，面临的合作障碍会更大、更复杂，更需要各国各地区秉承开放包容、求真务实、互惠共赢的合作理念，以推进"21世纪海上丝绸之路"倡议的顺利发展。

作为"一带一路"和"21世纪海上丝绸之路"倡议的发起国和引领者，我国政府对国际社会的开放承诺令世界关注，广东又是我国改革开放

的前沿地区和试验田，在扩大开放、对外合作方面走在全国的前列。因此，加快海洋开发的开放步伐，扩大海洋旅游的开放领域，广东义不容辞。一方面，改革束缚旅游业快速发展的不合理制度，清理阻碍旅游业稳定持续发展的政策和规章；另一方面，在确保国家主权和国家利益不受损害的前提下，大胆开放旅游发展的各个领域，吸收国外资本、技术、人才，来广东开发海洋旅游业。在外资、外商、国际游客进入广东海洋旅游的各个领域（资源开发、土地使用、行业准入、企业注册登记、税收征缴、签证办理、购物消费、购房落户、家属安置、子女教育等），减少或消除不合理的政策限制，简化办事程序，给予方便、快捷、高效的服务。

3. 建立粤港澳湾区海洋旅游特区，探索新型海洋旅游发展模式和政策机制

中国的改革开放能够取得巨大成就，经济特区和沿海开放城市功不可没，尤其是经济特区，探索出了中国改革开放宝贵的实践经验，对中国特色社会主义理论的形成和完善做出了重大贡献。21世纪，我国又进一步加快改革、扩大开放，建立了更加开放的自由贸易区。2014年12月，国务院决定设立中国（广东）自由贸易试验区，其中的横琴新区片区主要功能是依托粤澳深度合作，重点发展旅游休闲健康、文化科教和高新技术等产业，建设成为文化教育开放先导区和国际商务服务休闲旅游基地。经济特区和自贸区的建立，为广东对外开放积累了宝贵的经验，但由于历史条件、行业差异、区域行政约束等因素制约，以商品生产、货物贸易及生产性服务业为主体的经济特区和自贸区的经验不完全适应于以精神愉悦、服务贸易及生活服务为内容的旅游休闲生活区建设。

2018年4月13日，中国文化和旅游部宣布，国务院同意设立内蒙古满洲里、广西防城港边境旅游试验区，明确了广西防城港边境旅游试验区的主要任务有探索旅游便利通关新举措、探索全域旅游发展新路径、探索产业发展引导新机制、探索边境旅游转型升级新动能、探索扩大边境旅游合作新模式等五个方面，包括促进人员通关便利化、促进自驾车旅游往来便利化、完善边境旅游综合服务设施、构建旅游共建共享模式、创新旅游投融资模式、推动完善土地支持政策、开拓海上跨境旅游新市场、打造边境新型旅游产品、建立跨境旅游常态化联合执法机制、推动跨境旅游联合营销机制等15项具体任务。① 2018年4月13日，在庆祝海南建省办经济特区30周年大会，中共中央总书记、国家主席习近平宣布党中央决定支持海南全岛建设自由贸易试验区，支持海南逐步探索稳步推进中国特色自由贸易港建设。②

防城港位于北部湾区，地理区位与粤港澳大湾区相近，主要是其接壤越南，具备建立边境旅游区的条件。海南位于中国南端，地理位置优越，建经济特区30年，经济发展和改革开放取得了一定的成就。"粤港澳大湾区"已成为国家战略，粤港澳大珠三角是我国最重要的经济中心、旅游目的地和客源地，城市化和国际化水平居国内领先地位，其综合实力和国际影响力远在北部湾之上。"21世纪海上丝绸之路"的推进，作为前沿地带的广东和粤港澳大湾区，需要实施比经济特区、自贸区和边境旅游试验区更加包容、灵活、务实的开放模式和政策机制。可考虑申请将粤港澳湾区设立为海洋旅游特区——粤港澳湾区（国际）海洋旅游特区，立足粤港澳、定位"海丝"、面向国际，探索比广东自贸区、防城港边境旅游试验区和海南自贸试验区更加开放、灵活、高效的旅游发展政策和机制，加快旅游特区旅游产业发展及相关领域开放开发，吸聚世界旅游产业要素、吸引国际游客、推进"21世纪海上丝绸之路"建设。

---

① 《文化和旅游部等10部门关于印发内蒙古满洲里、广西防城港边境旅游试验区建设实施方案的通知》文旅旅发〔2018〕1号，中国旅游新闻网，2018年4月13日。

② 李达仁：《人民网评：打造好自由贸易试验区的"海南范例"》，见http://opinion.people.com.cn/n1/2018/0413/c1003-29925629.html。

第二节　广东文化旅游发展对策与措施

广东是我国重要的地域文化——岭南文化的核心区域，岭南文化历史悠久、底蕴深厚、复杂多样，不仅有同源于汉文化的广府文化、潮汕文化、客家文化三大本土亚文化类型，而且还有因其背靠大陆面向海洋的地理位置而吸纳的西方文化，以及大量先民移民海外而形成的华侨文化。今日的广东、粤港澳大湾区、岭南，不仅是中国经济最发达、人口最稠密、文化资源最丰富的地区，也是我国文化产业发展最快、文化开放领域最广的区域。广东，历史上包括港澳地区，现在的粤港澳地区，历史一脉相承、文化同根同源。若谈及历史上的广东文化，就是指包括粤港澳三地的"粤（民族）文化"；若说当代广东文化，则指粤港澳三地中的"粤（地域）文化"。因此，本节所言广东文化资源系指当代广东地域文化，不包括港澳地区。广东是海上丝绸之路的起点，继往开来、承前启后、引领中国文化走向世界，时机已经成熟，新时代中国文化的先锋——广东，牢记历史、不忘初心、担当使命，再向"21世纪海上丝绸之路"进发。

一、广东文化历史悠久、构成复杂

广东古称岭南、南越，从考古发现的曲江马坝人算起，广东在10多万年前便已有人类在此生息繁衍了。岭南地区在历史上经过了多次的人口变迁，而且因地理位置原因，对外交流较多，文化构成复杂。岭南文化的来源及组成部分主要有三：一是固有的本土文化。珠江流域和黄河流域、长江流域一样，都是中华民族文明的发祥地。地处亚热带的五岭之南，依山傍海，珠江流域，河汊纵横，生活在这里的古百越族先民，从早期的渔猎文明、稻作文明到后来的商贸文明，都离不开江海水运，喜流动、不保守，便是区别于内陆文明或河谷文明的南越文化本色。二是南迁的中原文化。秦汉以后，岭南统一于中华，修灵渠、开庾岭，岭南与中原的交流日益密切；先是屯军贬官，更有几次战乱的大量移民，强势而先进的中原华夏文明有如"韩潮苏海"，席卷珠江，进而构成岭南文化的主体。三是舶来的域外文化。秦汉以降，海上丝绸之路开通，岭南作为始发地甚至是唯一通商大港，一直是中外文化交流的平台，东西方的商业文化、科技文化、宗教文化、政治文化都从这里登陆引进，近代以来其势更甚，外来文化给岭南文化注入了新活力。

自海上丝绸之路形成，广东就成为中西方交融、中华文化远扬世界的窗口和桥梁。中国原始航海活动始于新石器时期，尤其是岭南地区，濒临南海和太平洋，海岸线长，大小岛屿星罗棋布。早在四五千年前的新石器时代，居住在南海之滨的南越先民就已经使用平底小舟，从事海上渔业生产和海外贸易，先秦和南越国时期，岭南地区海上交往为海上丝绸之路的形成奠定了基础。西汉时期，从中国广东番禺、徐闻、广西合浦等港口启航西行，与从地中海、波斯湾、印度洋沿海港口出发往东航行的海上航线，就在印度洋上相遇并实现了对接，广东成为海上丝绸之路的始发地。隋唐时期，广州成为中国的第一大港、世界著名的东方港市。由广州经南海、印度洋，到达波斯湾各国的航线，是当时世界上最长的远洋航线。几千年来，海上丝绸之路为广东留下无数珍贵的文化遗产。

当代的广东文化，从民族分布看，包括汉民族文化和少数民族文化，广东拥有3个少数民族自治县和7个民族乡、300多万少数民族人口，世居少数民族有瑶族、壮族、回族、满族、畲族。各民族民系风俗习惯、饮食文化、建筑风格、宗教信仰等都存在着差异，形成了多姿多彩的民族文化。从地域分布看，广东文化由四个分支构成：广府文化、潮汕文化、客家文化、华侨文化。广府文化包括珠江三角洲说白话（即广州话、粤语）地区，潮汕文化包括粤东、粤西说潮州话的区域，客家文化包括粤东、粤北说客家话的区域。华侨文化则分布在广东以外，包括港澳台及世界各地的广东籍华侨居住区。广东籍在外国的华人华侨有3000多万人，约占我国华侨、华人总数的70%。他们分布在全世界180多个国家和地区，加上香港同胞、澳门同胞和台湾同胞，四项合计共6000多万人，是一支极为重要的力量。华侨这个特殊社会群体，生活在国外，但根又在祖国。一方面，他们保留原有语言、习俗、伦理道德和价值观念，有着深厚的本根文化基因；另一方面，又深受侨居地文化浸染，接受、吸收了当地异质文化，加以创新，使之成为华侨文化的一部分。

二、广东文化资源丰富类型多样

得天独厚的地理位置、悠久的农工商文明和中西方交流历史，加上中国改革开放以来的经济建设和文化发展，使得广东成为文化资源极其丰富、类型复杂多样的沿海大省。比较突出的文化资源主要包括：都市文化、历史古村落、特色美食、名人故里、历史遗迹、海洋文化、中药文化、茶文化、宗教文化等。都市商业文化蕴藏在珠江三角洲都市群中，包括广州、深圳、珠海、中山、东莞、惠州、佛山、肇庆、江门9个城市，各个城市各具文化特色。历史古村落主要以不同时期、不同地区、不同民族民系居民世代聚居而形成的村落集聚体为吸引物，主要包括黄埔古村（海洋文化村落代表）、松塘村（书香文化村落代表）、林寨（客家风格方围屋村落代表）、自力村（侨胞碉楼村落代表）、黎槎村（广府水乡代表）、南岗村（瑶族村落代表）等。广东美食是以广东不同民族民系在历史岁月中不断创新出的具有地方特色的饮食为吸引物，它们都是粤菜系的重要组成部分，主要包括广府菜（讲究时令与食材）、潮州菜（动物脂肪、卤水、海鲜）、客家菜（粗中有细）、广东海鲜、广东小吃等。名人故里指以历史名人的故居或纪念馆（堂）为吸引物，主要包括孙中山故居（中山）、康有为故居（佛山）、詹天佑故居（广州）、李小龙故居（佛山）、梁启超故居（江门）、叶剑英故居（梅州）、林召棠故居（湛江）等。历史遗迹主要以重大历史事件发生地、遗留建筑、道路为吸引物，主要包括南粤古驿道、广州北京路、珠玑古巷、梅关古道等。海洋文化主要以海洋景观、海洋生产生活方式、海神等为吸引物,主要包括滨海景观、海岛风光、妈祖庙文化(又称天妃、天后、天上圣母、娘妈,是历代海洋贸易者、船工、海员、旅客、商人和渔民共同信奉的神)、海丝文化(海上丝绸之路文化)等。中药文化是以中草药为吸引物,广东中医药不仅药材数量丰富、种类繁多,中药生产历史更是长达1300年之久,拥有陈李济、王老吉、潘高寿等13家百年老字号药店,中药旅游目的地主要包括罗浮山国家级风景名胜区、聚龙湾天然温泉度假村、广东中医药博物馆、港中旅(珠海)海泉湾度假区、珠海御温泉、广东长鹿环保度假农庄等。茶文化旅游以茶叶采摘、加工、观光等为吸引物,主要包括潮汕工夫茶、英德红茶、韶关保健茶等。宗教文化旅游主要以宗教建筑、文化为吸引物,涵盖佛教(光孝寺、六榕寺、开元寺、南华寺、观音山)、道教(广州三元宫、博罗冲虚观、花都广东圆玄道观)、基督教(广州东山堂、广东协和神学院、深圳基督教堂)、天主教(广州石室圣心堂、汕头教区主教座堂、深圳天主堂)、伊斯兰教(广州怀圣清真寺及光塔)等。

三、广东文化旅游发展概况

广东省在国内较早关注文化旅游发展,早在1995年,广东省旅游局广东省旅游协会(学会)在广州召开全省旅游文化研讨会,提出旅游文化是旅游的灵魂。为了推动"大珠三角""泛珠三角"区域经济合作,为中国旅游业的发展和中外旅游文化交流发挥重要作用,2005年,国家旅游局联合广东省人民政府主办了首届广东国际旅游文化节,文化旅游得到政府的广泛关注并持续至今,已成为广东文化旅游的一张名片。2014年,为推进文化与旅游融合发展,促进广东文化强省和旅游强省建设,广东省政府推出《关于促进文化旅游融合发展的实施意见》,2015年,广东省文化厅和省旅游局联合印发了《广东省文化旅游融合发展示范区创建办法(试行)》,并于2016年12月,推出"广东省文化旅游融合发展示范区"

评选活动，评选出首批 8 个"广东省文化旅游融合发展示范区"：广州北京路文化旅游区、佛山南风古灶文化旅游示范区、韶关珠玑古巷·梅关古道景区、梅州百侯名镇旅游区、东莞寮步莞香文化旅游区、阳江海陵岛大角湾海上丝路旅游区、潮州古城文化旅游特色区、云浮六祖故里旅游度假区。2016 年，广东省文化厅与省旅游局联合举办"旅游文创产品创新设计高峰论坛暨项目对接会"活动，收到了良好的效果。"2017 广东旅游文化节"于 2017 年 12 月在珠海成功主办，活动以建设"粤港澳大湾区"为目标，围绕"活力广东·浪漫珠海"的主题，成立了粤港澳大湾区城市旅游联盟，进行了粤港澳文化交流展演，举办了两广城市旅游合作联席会议和粤港澳大湾区城市旅游论坛，将广东文化旅游推向了新的高潮。

广东文化旅游发展区域不平衡比较突出，珠江三角洲得临港澳之优势，在城乡文化设施建设、特色文化产业（如文化创意）、文化遗产保护、艺术作品生产、文化对外传播等方面投入大、成效显著。在文化景观建造、文化风情挖掘、文化艺术保护与传承、文化形象推广等文化旅游发展措施方面走在全省前列。粤东西北地区文化产业同珠三角相比，存在诸多不足，但由于其独特的资源优势，在文化旅游、非物质文化遗产、工艺美术开发等方面都具有较大的发展潜力和空间。近年来，广东省鼓励各地因地制宜发展特色文化旅游产业，粤剧、潮剧、汉剧等诸多传统特色戏种、禅宗历史文化、丹霞山地质地貌、粤北珍稀红豆杉树林、碉楼与村落、"南海一号"水下考古成果、客家黄酒、瑶族服饰，还有端砚、沉香、橘红、陈皮、漆艺、皮影、农民画等，都是亟待开发、转化的文化产业资源。

四、广东文化旅游发展对策与措施

2018 年 3 月 13 日，中国国务院机构改革方案获得第十三届全国人民代表大会第一次会议第四次全体会议通过，为增强和彰显文化自信，统筹文化事业、文化产业发展和旅游资源开发，提高国家文化软实力和中华文化影响力,推动文化事业、文化产业和旅游业融合发展,方案提出,将文化部、国家旅游局的职责整合,组建文化和旅游部。文化和旅游、文化旅游、旅游文化在我国必将有更新、更快、更好的发展,各地方积极响应中央政策,正在制定加快文化旅游发展的政策和措施。广东作为文化资源大省和旅游强省,文化旅游发展应有明确的目标、全新的战略、系统的思维、周密的措施。

1. 以引领中国文化走向"21世纪海上丝绸之路"为目标发展文化旅游

广东文化旅游发展,要确立两个战略目标:一是开发文化旅游产业、服务广东民生、保护传承岭南文化,二是发展文化旅游、促进中外交流、传播中华文化。"内""外"两个目标相辅相成、相得益彰,促使岭南文化走向世界,以中华文化影响世界,而为构建"人类命运共同体"做出最大贡献是最高目标。因此,广东发展文化旅游,当以引领中国文化走向"21世纪海上丝绸之路"为目标导向,文化资源开发着眼海内外,联合"21世纪海上丝绸之路"沿线国家和地区,深入、系统挖掘"海丝"文化资源。文化旅游产品开发,既有"岭南本底""中国特色",又有"世界标准""国际价值",文化旅游市场,不仅在广东、粤港澳、国内,还要瞄准"海上丝绸之路"沿线国家和地区更广阔的市场。只有着眼于世界舞台,广东文化旅游才能拥有无限的源泉、巨大的空间、持久的生命力。

2. 建设完整的文化旅游产业体系,开发多元化、多层次的文化旅游产品

为对接"21世纪海上丝绸之路"旅游开发、引领岭南文化走向世界,广东文化旅游发展要有整体思路和系统思维,包括文化旅游产业体系和产品体系。在文化旅游发展主体、产业和产品体系、产业政策与环境、文化旅游市场体系等方面都要有整体设计和系统建构。文化旅游发展主体方面,广东省和地方政府、国内企业、民间社会、外资外商和境外机构多元并进,鼓励各方力量从事文化旅游开发,形成"百花齐放、百家争鸣"

"各美其美、美人之美、美美与共、天下大同"的繁荣兴盛局面。文化旅游产业和产品体系方面，应全方位发展广东文化旅游创意设计、文化旅游景观建造、文化旅游会展和演艺、文化旅游投资和金融服务、文化旅游物业租赁、文化旅游企业咨询与法律服务、文化旅游信息技术与咨询、文化旅游教育与人才培训服务等业态，开发完整的文化景观游赏旅游产品、文化风情体验旅游产品、文化艺术鉴赏旅游产品、文化名人故居瞻仰教育旅游产品、文化遗产考察学习旅游产品、文化商品购物旅游产品等岭南文化旅游产品体系。文化旅游产业政策与环境方面，借国家和地方政府机构改革的契机，切实深化广东文化旅游管理体制和产业政策改革，优化文化旅游发展环境，在产业和企业发展政策、财政和土地政策、金融和投融资政策、国民休假制度、外资准入和外商管理制度、海关和关税制度、出入境和签证制度、商务商事服务环境、中外经贸文化合作机制等方面全面深化改革、扩大开放。文化旅游市场体系建设方面，在扩大国内旅游市场基础上，大力拓展国际游客市场，包括海外华人华侨市场，重点开发"21世纪海上丝绸之路"沿线国家和地区的游客市场，通过多形式、多层次、多角度开发文化旅游市场，来华观光、经贸、文化、科技、教育、宗教、政务、民事（探亲访友、寻宗问祖）的各界国际人士都是广东文化旅游的潜在市场。

3. 构建鲜明的广东（粤港澳地区）文化形象和品牌，培育文化旅游精品

文化传播需精品带动，旅游发展靠品牌支撑，"21世纪海上丝绸之路"需要文化旅游航母为文化传播和旅游交流指航引路、保驾护航，这个文化旅游航母就是由文化精品和旅游品牌构成的广东（岭南）文化旅游产业集聚体。广东文化品牌和旅游精品，既要培育一定数量的世界级旅游文化遗产，也要打造一定规模的国家级文化旅游品牌，更要树立众多的区域级文化旅游精品（景区景点、线路、项目）。在保护传承现有文化旅游品牌的基础上，今后要扬长补短、深入挖掘具有较强潜力的文化资源，塑造岭南、粤港澳文化形象和品牌。

文化形象塑造方面，突出古百越国及"古海上丝绸之路"起点的历史文化形象，突出广东近代中国革命发源地和南中国开放地域的地域文化优势，突出中西交融、开放包容的华南多元文化特质，突出岭南求真务实、创新开拓的民族文化风格，突出广东勤劳朴实、敢为天下先的商业文化品质，突出南粤厚德诚信敏行的新时代广东精神。这种"底蕴深厚、中西结合、开放包容、创新务实"的广东文化形象，非常有利于"21世纪海上丝绸之路"的文化传播，具有极强的亲和力和影响力，是无形的文化资产。

文化品牌宣传方面，重点对"海上丝绸之路起点"（"南海一号"博物馆）、千年港口和商都（广州）、近代民主革命发源地（关于孙中山）、改革开放窗口（经济特区）、岭南文化艺术（建筑、音乐、戏剧、美术、古村落）、侨乡文化（开平碉楼）、武术之乡（关于李小龙）等，享誉海内外的文化品牌进行精心设计、整合宣传，使其传播到世界每个国家和地区、深入"海丝"每个游客的心中。

文化旅游精品方面，重点建设好世界自然和文化遗产地（景区），如丹霞山风景区、开平碉楼与村落，使之成为广东文化旅游景区中的精品；重点建设具有特色的、唯一的旅游产品和项目，如广东戏剧（粤剧、潮剧）、禅宗文化（南华禅寺、六祖慧能）、南国红豆文化、珠玑古巷－梅关古驿道文化、"海丝"考古旅游项目（"南海一号"博物馆）等，将其培育成广东的文化旅游精品项目。规划建设几条精品文化旅游线路，与"21世纪海上丝绸之路"的旅游线路对接，如"海上丝绸之路寻古访古游线""千里客家文化长廊游线""岭南古村落与乡村风情体验游线""广东民间艺术考察探访游线""海外华侨寻根问祖游线""世界禅宗文化广东朝圣游线""世界都市文化港澳珠三角体验游线""广东美食购物休闲游线""岭南古驿道文化重访考察游线"等。

4. 以文化旅游品牌和精品加大对"21世纪海上丝绸之路"的宣传与营销

为融入"21世纪海上丝绸之路"这一文化之路，引领中国文化走向

"海丝",广东需以文化旅游品牌和精品加大对"21世纪海上丝绸之路"的宣传与营销。全方位、多样化、多渠道地将广东文化旅游品牌和精品推向"海丝"沿线国家和地区,使文化旅游品牌和精品发挥其应有的价值,为"21世纪海上丝绸之路"的文化交融、世界和平和"人类命运共同体"的构建做出应有的贡献。通过各国和各地方政府间的官方文化互动项目、文化企业交流合作、民间文化交流活动,宣传广东文化旅游品牌和精品,以文化旅游品牌和精品项目作为中外文化艺术合作交流活动的主体内容。在"21世纪海上丝绸之路"沿线国家和地区的文博与文化艺术演出、文化节事会展、文化学术交流和教育培训、新闻出版和影视制作、文学艺术创作、文化艺术传播设计、文化新媒体技术研发等事项中,大力宣传、营销广东文化旅游品牌和精品。

第三节 广东城市旅游发展策略与举措

城市是地球表面一定范围内由大量非农业人口、多种建筑物的物质设施组成的自然和人文综合体,是一定地域的经济、政治、文化、交通、信息和科技中心,城市在一个国家或地区的经济、政治、文化、和社会生活中起着极其重要的核心和枢纽作用。城市自诞生之日起,就代表了特定历史时期一定区域中最先进的生产力水平,最繁荣的物质文明和精神文化。它集中了区域最发达的科学和艺术,凝聚了人们改造自然、创造文明的智慧和才能,积淀了人类的历史文化和精神文明。城市以其特有(区别于乡村)的物质景观和文化内涵吸引大量人口涌入城市,为不同地区、不同民族和不同文化的人进行经济、文化、政治、科学、艺术交流提供了最便利的场所和条件。在人类旅游发展史上,城市是最早的旅游吸引物和目的地,现代旅游更是如此,世界上一些主要的城市已经成为最主要的旅游目的地,如巴黎、罗马、伦敦、北京、上海、香港、东京、新加坡、悉尼、纽约、旧金山、迪拜等。古今海上丝绸之路的商业贸易、经济往来、文化交流、政治互动、宗教朝圣等各项事务，基本上是在"海丝"沿线各国、各地区的重要城市中开展的，城市是"海上丝绸之路"的重要驿站和枢纽，是人、财、物的重要集散地，是联系世界各国、沟通中西方的中心环节。推进"21世纪海上丝绸之路"建设，城市是中心、是依靠、是根基，是重中之重。广东要在"21世纪海上丝绸之路"中有所作为，不能不重视城市建设，广东旅游要想在"21世纪海上丝绸之路"中发挥应有的作用，城市旅游是龙头、基地、主要角色。

一、广东城市旅游资源丰富、基础雄厚、实力强大

广东是"21世纪海上丝绸之路"的起点，沿海自东向西分布有汕头、湛江、茂名、阳江、江门、珠海、中山、广州、东莞、深圳、惠州、汕尾、揭阳、潮州等14个城市（地级市），这14个城市（市区）仿佛14颗珍珠镶嵌在广东海岸线上，14个城市（行政区域）分布有穗港澳、川岛－银湖湾、海陵岛－水东湾、环雷州半岛、大亚湾－稔平半岛、红海湾－碣石湾、汕潮揭－南澳等7个滨海旅游组团，包括了38个区、164个乡镇、15个产业园区、20个滨海新区、90个景点，是广东省名副其实的旅游精华地区。其中，广州和深圳是副省级城市和计划单列市，深圳、珠海、汕头是经济特区，广州、湛江是国家确定的沿海对外开放城市，12个城市是中国优秀旅游城市，11个城市是国家园林城市，广州、潮州、惠州、中山、雷州（湛江）是中国历史文化名城。2017年粤港澳大湾区成为国家战略，粤港澳大湾区是指香港特别行政区、澳门特别行政区和珠三角的9个城市（广州、深圳、珠海、佛山、惠州、东莞、中山、江门、肇庆）。包括广东沿海和粤港澳大湾区在内的16个城市，呈"Ω"字形空间分布格局，分布有广东省除了山区乡村资源外的所有资源和要素，集中了广东省社会经济和文化发展的精华、精髓和精品。从"21世纪海上丝绸之路"看广东城市旅游发展，主要指这16个城市。本节"城市旅游"

系指城市建成区（仅包括城区和市郊城市化区域），不包括市辖县域的广大农村地域范围。广东城市旅游资源非常丰富、品质很高，在国内外享有较高的知名度，主要有以下五个方面的旅游资源。

1. 城市观光旅游资源

主要包括名胜古迹、微缩景观、历史特色街区、仿古村（城）、城市公园、主题公园、植物园和野生动物园、滨海风光、城市园林等，分布在广东沿海和粤港澳湾区16个城市中，每个城市都有各具特色的观光旅游资源与产品。如广州白云山、越秀公园、镇海楼、陈家祠、北京路、上下九路、长隆野生动物世界、华南植物园、沙面西洋建筑群、广州塔、"珠江夜游"，深圳华侨城主题公园，珠海圆明新园、滨海情侣路、外伶仃岛、东澳岛，肇庆鼎湖山、星湖，湛江湖光岩，等等。

2. 城市文化旅游资源

广东城市文化旅游资源与产品非常丰富，包括文物和文博场馆、文化艺术设施、名人故居、特色民居和民俗生活、宗教场所与建筑、城市美食和购物街区、著名高等学府、大型文化艺术节事活动等。如广州西汉南越王博物馆、广东省博物馆、黄埔军校旧址、广东科学中心、中山大学广州南校区、"岭南印象园"（岭南古村落建筑群）、广州石室圣心大教堂、阳江海陵岛"南海一号"博物馆、佛山南海祖庙、孙中山故居翠亨村、珠海海泉湾度假区等。

3. 城市度假旅游资源

主要有滨海度假区（村）、温泉度假村（区）、森林度假区等。如广州长隆度假区、广州南湖旅游度假区、广州从化碧水湾温泉度假村、深圳东部华侨城旅游度假区、惠州巽寮湾滨海旅游度假区、惠州南昆山温泉大观园、江门新会古兜温泉度假村、阳江海陵岛及大角湾旅游度假区、珠海御温泉度假村等。

4. 城市商务旅游资源

主要包括城市中央（心）商务区、大型商务中心（建筑景观）、大型商务商业会展活动，具有极强的吸聚人气、集聚旅游要素、拉动城市旅游消费、促进旅游业发展的功能。如广州北京路商业街、广州天河（天河北－珠江新城－国际金融城）中央商务区、广州琶洲国际会展中心、深圳中央商务区（罗湖－福田－南山－前海）、珠海中央商务区等。同时，中国进出口商品交易会（广交会）、中国国际高新技术成果交易会（深圳高交会）、中国国际航空航天博览会（珠海航展）、中国（东莞）国际电子信息产品博览会（东莞电博会）、中国海洋经济博览会（中国海博会）、中国（阳江）国际五金刀剪博览会等，是国际知名度很高的商务会展，是广东城市商务旅游资源中的代表，是广东商务旅游品牌。

5. 城市新兴旅游资源

近年来，随着旅游需求结构变化及市场细分化，城市新兴旅游业态逐级拓宽，以城市工业、信息和高科技产业为对象的产业旅游和科技旅游开始兴盛起来，以历史文化考察、高等学府参观、城市生活体验为目的的研学旅游越来越受到青少年及其家长的青睐，以养生保健、美容美体为诉求的医疗养生保健旅游受到白领人士的追捧。广东省城市化水平居国内领先地位，产业和科技旅游资源、文化教育研学旅游资源、医疗保健养生旅游资源非常丰富，满足了庞大旅游市场的需求，新型旅游消费方式层出不穷、翘首内地城市。这方面科技创新水平居国内前列的深圳、广州、珠海产业和科技旅游资源丰富，先进、优雅、时尚潮流领先国内的深圳、广州、珠海、东莞、肇庆医疗保健养生旅游资源众多，历史、文化、教育深厚的广州、佛山、中山、江门（武邑）、惠州、潮州研学旅游资源充足。

二、广东城市旅游发展的问题

改革开放及中国旅游业兴起以来，广东城市旅游发展取得了长足的进步，城市旅游经济总量占广东全省旅游经济总量的80%以上，沿海和湾区城市得益于地理位置、政策、资金、消费、市场的便利条件，城市旅游产业得到了巨大的发展。城市基础设施、旅游景区景点、接待服务设施、旅游形象等大大改善，城市旅游产业体系和旅游经济实力大大增强，对外竞争力和影响力迅速提高。但是，由于城市改革总体环境和配套措施的制约，旅游发展政策、制度和机制仍然存在诸多问题，城市旅游的发展空间和速度受到了一定程度的限制。最大的问题是各城市之间的竞争有余、合作不足，彼此没有形成合力和共同形象，区域旅游交易成本高、旅游资源和要素流动受到诸多障碍。沿海和粤港澳大湾区18个城市对外没有形成鲜明的区域形象，粤港澳大湾区旅游品牌没有形成，主要原因有以下两方面。

1. 广东城市与香港、澳门两个城市间的制度差异

粤港澳地区是我国地域结构最为复杂、内部差异性最大的区域，它是世界上唯一的"一国、两制、三地、四种文化、五个特区、六个地区荟萃"的大区域。它是在一个主权国家内由截然不同的两种社会制度治理的粤、港、澳三地构成，跨越了岭南文化、西方文化、都市文化、历史文化四种文化，拥有香港、澳门、深圳、珠海、汕头两种类型的五个特区。该区域包括了几个相差较大的次区域：经济相当发达的港澳地区，经济较发达的小珠江三角洲地区，经济欠发达甚至较落后的粤西、粤北和粤东地区。因此，在城市发展水平、旅游产业体系、旅游发展素质等方面存在较大的差别。

"一国两制"决定了广东与港澳实行的是两种社会制度，不可能像国内其他地区那样，用同样的经济、法律、财政、行政、司法制度等来进行经济合作与联系。必然存在区域联系方面的刚性约束，就这三个地域紧邻的经济区域而言，存在三个性质、级别不同的行政区域，三个独立的关税区，三个独立的市场体系，三种不同的经济制度、法律体系、财政体系、行政方式、货币发行制度，以及互不相干的经济发展规划和公民权利、生活方式、意识形态等。三方在制定自身的发展规划时，所考虑的因素、确定的发展目标及达到目标的策略是不同的，由此影响到广东和港澳在城市旅游合作发展中的效率和效果。

2. "行政区经济"思想左右广东城市旅游规划与发展

我国区域经济发展中的"行政区经济"问题，在广东省表现得比较典型和突出。在粤港澳湾区中不到5万平方千米的珠三角，有9个广东的

第七章 21世纪海上丝绸之路广东旅游重点领域行动策略

城市，虽然各城市在资源结构、产业结构、经济结构上有梯度和差异，有互补性和关联性，但现实更多地表现为行政分割、各自为政（政绩、政策、行政）。在城市旅游规划定位、旅游产品体系、旅游项目和设施、旅游产业政策、游客市场占有等方面的明争暗斗、重复雷同、彼此竞争等现象非常严重。广东的16个沿海及湾区城市的旅游发展，基本上都是从本位主义、地方主义、政绩原则出发，制定旅游发展规划、发展旅游产业时主要考虑本区域利益，以自我为中心规划资源开发、产业布局、设施建设、线路设计、客源预测、市场划分，主动与邻近城市开展旅游合作的意识不强。由于"行政区经济"思想影响，城市旅游发展的主导思想不是谋求利己利他、合作共赢、更大发展，而是局限在本行政区（地方政府管辖范围）内的政绩，难有更宽、更高、更远的视野和行动。

三、广东城市旅游的策略与举措

广东的城市，拥有丰富、优良的旅游资源，发展城市旅游占据"天时地利人和"的优势，充分发挥城市在广东旅游发展中的核心和枢纽作用、辐射和服务功能，是促使广东旅游在"21世纪海上丝绸之路"建设中担当重任、完成使命的保障。为此，特提出发展广东城市旅游的四大策略。

1. 构建广东城市旅游品牌和影响力

整合广东沿海和湾区16个城市，形成鲜明的城市结构体系。广东这16个沿海和湾区城市，虽各具特色，但从空间区位、城市功能、旅游产品体系看，彼此有关联性，可以形成城市结构体系。如粤东滨海风光－潮汕文化旅游城市群、港澳珠三角产业商务－历史文化旅游城市群、粤西滨海风光－民俗文化旅游城市群。三个地域城市体系共同打造三位一体的"广东沿海滨海风光－历史文化－现代商务城市旅游"形象和"粤港澳现代高端城市旅游"品牌，形成强大的世界影响力。

2. 以"粤港澳大湾区"统领广东城市旅游

广东和港澳一衣带水、唇齿相依,广东城市旅游离不开香港和澳门两大国际城市的引领,港澳也离不开广东城市群的烘托,粤港澳大湾区是一个整体,已经形成了稳定、鲜明的国际形象。广东城市旅游需要以"粤港澳大湾区都市区"统领,以"港澳引领的南中国沿海城市群"的整体形象走向世界。广东沿海和湾区16个城市加上香港、澳门、广州、深圳、珠海这几个"粤港澳大湾区"核心城市,如杠杆的中心枢纽,翘动两翼,带领广东16个城市参与"21世纪海上丝绸之路"国际旅游合作和文化经贸交流。

3. 成立"广东–海上丝绸之路"城市旅游联盟

广东城市旅游发展,不仅需要国内旅游市场的支持,更需要国际游客市场的持续保障,不仅为了满足省内乃至国内人民对美好旅游生活的需要,更为了带领广东经济社会文化全面融入世"21世纪海上丝绸之路"。因此广东城市旅游要在"粤港澳大湾区"统领下,广泛对接"21世纪海上丝绸之路"沿线友好城市,深化、提升中外(广东–海上丝绸之路)城市旅游联盟(合作)行动,与东南亚、南亚、西亚、地中海、欧洲、美洲各个地区构建多层次、多格局的友好城市联盟、兄弟(姐妹)城市联盟、城市战略联盟,从名分、组织、政策、机制和行动上和国外城市形成紧密的合作关系,就能够源源不断地获得城市旅游发展的资源、动力和机遇,保障广东城市旅游的健康、持续、稳定发展。

4. 定向"海上丝绸之路"旅游营销

岭南文化具有中国文化的本色,广东城市蕴含着中国文化和岭南气质,越是民族的,越是世界的,城市旅游唯有彰显民族文化内涵和特色,才能吸引世界游客。广东城市旅游需立足于岭南本土、放眼"21世纪海上丝绸之路",才有生命力和影响力。因此,广东城市旅游发展,需塑造兼有中国特色(悠久历史、文化深厚)和广东个性(开放创新、包容中西)的城市旅游形象,着眼于"21世纪海上丝绸之路"巨大的旅游市场,开展精准营销。以"粤港澳大湾区"统领"广东沿海滨海风光–历史文化-现代商务城市旅游"形象和"粤港澳现代高端城市旅游"品牌、通过"广东-海上丝绸之路"城市旅游联盟,向"21世纪海上丝绸之路"多渠道、多途径、多领域地全方位开展营销。将广东和粤港澳城市旅游形象深入"海丝"沿线国家和地区,将广东城市旅游产品宣传、输送至重点旅游市场,将世界游客吸引到广东和粤港澳来,使广东城市真正成为经济的引擎、旅游的明珠、文化的珍宝。

第四节 广东乡村旅游发展战略与措施

广东虽然是我国经济发达、城市化水平高的沿海地区,但山区、乡村区域在广东省仍占有重要的地位,乡村是广东历史文化和现代社会文化寻根的载体,是广东旅游发展的"三分天下"(乡村旅游、城市旅游、海洋旅游)。广东乡村文化是岭南文化的重要组成部分,乡村是众多海外广东籍华人华侨的心灵家园,是吸引"21世纪海上丝绸之路"世界游客的重要旅游目的地。因此,本节就"21世纪海上丝绸之路"的推进提出广东乡村旅游发展的战略与措施。

一、广东乡村旅游发展类型

乡村旅游是以乡村文化景观为吸引物所开展的旅游活动,以及围绕这种旅游活动所形成的综合性的经济关系和文化现象。乡村文化景观包括农业生产过程、乡村风情风貌、乡民劳动生活;人的旅游活动是乡村旅游的核心内容(不是全部内容),旅游产业和经济是乡村旅游的支撑要素,而各种社会文化现象则是乡村旅游的灵魂。本节中所提到的乡村旅游均指发生在乡村目的地的旅游活动及其各种经济、社会和文化现象。广东省乡村旅游资源非常丰富,根据相关文献资料及实践研究,笔者将广东乡村旅游类型分为"五类十型"。

1. 环境生态类乡村旅游

这类乡村旅游分为田园风光休闲型和生态环境示范型。一般布局在城市郊区或远离城市的自然条件和资源类型多样且空间组合良好的乡村地域，以优美的田野风光、良好的乡村自然景观或人工建造的优良的环境空间及其生态化设施，满足人们观光休闲、放松休养、欣赏体验乡村环境、考察学习的旅游需求，有的成为区域生态环境建设的示范点。这类乡村旅游的设施比较完善、功能较齐全、内部有较好的空间规划和功能分区，对外联系便利。如德庆金林水乡、广宁竹海、平远相思谷乡村生态旅游区。

2. 聚落景观类乡村旅游

这类乡村旅游分为旅游城镇建设型和原生态文化村寨型。其特点是自然环境和文化传统保存完好、具有特殊的或者较高历史文化和科学工程价值的乡村聚落景观，逐步建设成为旅游城镇，满足游客观光游览、科学考察、文化溯源的旅游目的，原生态文化在旅游开发中得到了发掘和传播。前者主要分布在城市周边或远离城市的乡村地区，呈"偏在性"分布特征；一般都有开发规划及功能区划，空间分异明显；旅游产业集聚高，内外交通发达。如江门开平碉楼与村落景观。后者分布在远离大城市的偏远的乡村地区，对外交通不发达；内部旅游要素的空间分布自发形成，一般较少规划干预；旅游接待设施较少。如广东省封开县杨池村、梅州客家围龙屋、河源苏家围等。

3. 乡村文化类乡村旅游

这类乡村旅游分为民族风情依托型和现代农村展示型。前者以引人入胜的民族风情和民俗文化为吸引物，开发出"动态性"的系列化旅游产品吸引游客前来观光、欣赏、体验乡村民俗文化。一般在少数民族聚居地区形成这类旅游地，远离区域中心城市；经济欠发达，对外交通和联系较少；但旅游产业集聚度较高，主要分布在粤北山区的必背瑶寨。后者以自身现代化建设中取得的物质文明和精神文明的突出成就为吸引物，通过旅游开发方式向游客展示当代农村发展的面貌。分布在城市周边地区，开放程度高，对外联系便利；内部空间规划和建设有序，产业结构和空间布局比较合理；经济发达，村容村貌整洁，现代化水平较高。如广州海珠区的小洲村、黄埔村。

4. 农业生产类乡村旅游

这类乡村旅游分为特色农业观光型和现代农业开发型。其开发模式是以乡村特色化、规模化、现代化的农业生产过程及景观构成旅游吸引物，游客通过参观、考察及相关活动获得知识、技能、情趣、心智等方面的提高。通常分布在大城市郊区，交通比较便利，基本上以农业园区形式进行开发，有一定规模和空间范围，边界较明确；内部空间规划和功能分区科学、布局合理，土地利用强度大，旅游设施齐全。如高要广新生态园、广州亲亲农庄、梅州雁南飞茶园等，其中广州花卉博览园、深圳海上田园、深圳光明农场、珠海农科中心、顺德陈村花卉世界、高明霭雯教育农庄、三水侨鑫高科技农业园、新会现代农业基地、广新农业生态园、雁南飞茶田度假村、雁明湖旅游度假村、广州后花园、汕头农业科技园等13个乡村旅游点为全国农业旅游示范点。

5. 依托景区类乡村旅游

顾名思义，这类乡村旅游是依托旅游景区发展起来的，分为旅游景区延伸型和红色旅游主导型。景区延伸型乡村旅游的形成是由于知名的旅游景区的高速发展，周边乡村地区通过配套、延伸景区的旅游服务，开发出接待、休闲、娱乐、购物等旅游产品，逐渐融入旅游景区系统。其空间与旅游景区紧邻甚至融为一体，内部规划与景区规划统一进行，空间管理与景区统一实施。如信宜市旺将村。而红色旅游主导型则是由于近年来中国红色旅游的大发展，促使红色旅游景区内或附近地区的乡村为满足游客的有关需求而配套开发住宿接待、购物娱乐、休闲度假等旅游产品，逐渐发展成为红色旅游的一部分。其特征是与红色旅游地配套开发或本身就是红色旅游地，空间紧邻或高度一体化；内部规划和空间管理有序。如梅县雁洋镇、孙中山先生故居中山市翠亨村。

二、广东省乡村旅游发展概况

自国务院 2001 年颁发《中国农村扶贫开发纲要（2001—2010 年）》起，乡村扶贫就得到了全社会的关注。为了号召大家响应国家农村扶贫政策，2002 年广东省人大代表提出"广东旅游扶贫"的口号，乡村扶贫正式在广东启动。在"十五"期间，广东省财政每年安排 3000 万元专项资金，扶持贫困地区的旅游基础设施和公共服务设施建设。2006 年，国家旅游局确定"2006 中国乡村游"的旅游主题，为乡村旅游添上一把火。2006 年也是广东省乡村旅游发展的转折点，广东省旅游工作会议提出全面启动广东"乡村游"，贯彻落实国家建设社会主义新农村，配合主题旅游年，把旅游发展与建设社会主义新农村相结合，带动农村经济发展和农民脱贫致富，拉开广东乡村旅游发展的序幕，并先后举办了"广东最美乡村"评选活动，有大批乡村旅游点被评为"广东省古村落""广东省国家级历史文化名村""全国农业旅游示范点""广东省农业旅游示范基地以及中国乡村旅游发展经典案例"。2010 年，广东省旅游局为推动乡村游发展，在粤东西北地区遴选出 155 个当地农户自主开发的农家乐给予资金扶持。而后，党的十八大提出"生态文明""美丽中国"等理念，为美丽乡村的发展提供了指导思想。从 2014 年开始，广东省农业厅和省旅游局联合部署休闲农业与乡村旅游示范镇、示范点评选，评选出全省休闲农业与乡村旅游示范镇 22 个、示范点 44 个。截至 2017 年年底，广东省已经连续评选出 4 批省级休闲农业与乡村旅游示范镇、示范点。2017 年广东省实施了特色小镇建设工程，成立了广东特色小镇发展联盟，取得了良好的效益。党的十九大报告提出，贯彻新发展理念，建设现代化经济体系。要坚持农业农村优先发展，按照产业兴旺、生态宜居、乡风文明、治理有效、生活富裕的总要求，建立健全城乡融合发展体制机制和政策体系，加快推进农业农村现代化。如今，在精准扶贫、乡村振兴的背景下，广东省乡村旅游发展迎来了大好前程。

三、广东乡村旅游发展战略与措施

广东乡村旅游在广东乡村扶贫、新农村建设、城乡区域协调发展中处于重要战略位置，乡村旅游应纳入广东旅游总体发展和城乡总体规划中。乡村旅游与城市旅游、海洋旅游三足鼎立，对于塑造广东旅游品牌、提升旅游整体实力、吸引世界游客、融入"21世纪海上丝绸之路"具有重大的战略意义。为此，需要做好以下三个方面的工作。

1. 城乡互补，科学规划，形成乡村旅游体系

广东乡村旅游应放在与城市旅游互补、互动、互赢的战略上，科学规划乡村旅游的空间结构和产品体系，形成完整的乡村旅游体系。与广东城市旅游发展相呼应，乡村旅游规划四大片区空间结构为珠三角城水乡休闲旅游片区、粤东山区民俗文化旅游片区、粤西田园与滨海乡村风情旅游片区、粤北乡村森林生态旅游片区。规划四大乡村旅游产品系列：①乡村生态观光产品系列——包括自然风景观光、滨海风情观光、田野景观游赏等产品；②乡村休闲度假产品系列——包括农庄休闲、康体养生、农事体验等产品；③乡村文化体验产品系列——包括历史文化考察、民俗文化体验等产品；④乡村特色节事产品系列——包括广东省内各区域代表性的乡村文化、旅游节事活动产品。开发八大类型乡村旅游：乡村休闲度假产品、生态农庄观光产品、农事互动参与产品、民族风情体验产品、古村文化体验产品、现代农村展示产品、山林康体养生产品、滨海风情体验产品。

2. 文化主导，构建广东乡村旅游特色和品牌

世界各国各地区的乡村，在自然景观、生态环境上面大同小异，但在民族文化、历史文化方面则千差万别、各具魅力。对城市居民、国际游客来说，乡村旅游除了自然风光和原生态环境外，更具吸引力的还是各国各地区、各民族乡村的历史文化、民俗风情、特色（聚落）景观（建筑文化），即乡村文化。广东乡村旅游发展，应以（岭南）文化为主导，构建广东乡村旅游特色和品牌，在乡村旅游规划、开发中，无论是自然风光营造、生态环境建设、聚落景观建造,还是人文活动设计、旅游商品生产、旅游服务管理等所有环节,都以岭南文化为核心元素,融入其中。乡村旅游的各个领域、各个环节、各个细节都融入岭南文化、体现广东特色、突出广东形象和品牌。广东城市旅游主打"广东沿海滨海风光 – 历史文化 – 现代商务城市旅游"形象和"粤港澳现代高端城市旅游"品牌,乡村旅游则构建"广东自然风光 – 民俗文化 – 特色景观"形象和"岭南原生态古典乡村旅游"品牌。

3. 立足广东,着眼于"21 世纪海上丝绸之路"

乡村旅游要想获得稳定的客源并且得到持续发展,必须与人口稠密、收入和消费水平高的城市(群)地区紧密协作联系,互为目的地 – 客源市场。广东乡村旅游离不开沿海 – 粤港澳大湾区城市群(带)的支持和带动,乡村旅游必须融入广东 – 粤港澳大湾区旅游整体中,才能形成规模和整体效应。广东乡村旅游构建起"广东自然风光 – 民俗文化 – 特色景观"形象和"岭南原生态古典乡村旅游"品牌,最终指向的旅游客源市场只能是粤港澳大湾区、"21 世纪海上丝绸之路"及全球市场,而前两者是重点市场。立足广东市场,着眼于"21 世纪海上丝绸之路"是广东乡村旅游发展的唯一战略。

参 考 文 献

[1] 杜尚泽,许立群,刘歌.习近平同欧洲理事会主席范龙佩举行会谈[N].人民日报,2014-04-01.

[2] 王斯敏,李盛明.政治互信、经济融合、文化包容的中国方案[N].光明日报,2017-05-03.

[3] 刘宗义.21世纪海上丝绸之路建设与我国沿海城市和港口的发展[J].城市观察,2014(6).

[4] 刘赐贵.发展海洋合作伙伴关系,推进21世纪海上丝绸之路建设的若干思考[J].国际问题研究,2014(4).

[5] 卢文刚,黄小珍,刘沛.广东省参与"21世纪海上丝绸之路"建设的战略选择[J].经济纵横,2015(2).

[6] 彭钊,王新陆.关于建设21世纪海上丝绸之路旅游圈的提案[J].前进论坛,2015(4).

[7] 喻剑,庞彩霞.广东:海丝再扬帆、风华正当时[N].经济日报,2016-10-28.

[8] 郑保垒.海上丝绸之路及旅游产品开发[N].中国旅游报,2013-06-14.

[9] 王红林.海上丝绸之路:一条承载历史与发展的黄金旅游线路[N].东莞日报,2014-10-28.

[10] 肖正东,姚浩燕.三省区共同打造"美丽北部湾(中国)"旅游品牌[N].北海日报,2015-10-29.

[11] 梁继超, 阳国亮, 罗霁. 泛北部湾旅游合作的整体战略构想 [J]. 广西经济管理干部学院学报, 2008, 20 (1).

[12] 张丽梅. 关于东北亚区域旅游一体化的思考 [N]. 光明日报, 2007-04-18.

[13] 冯玉宝. 东北亚旅游产业合作模式研究 [D]. 吉林大学博士研究生学位论文, 2016.

[14] 范丹, 朱妮娜, 王博. 海上丝绸之路战略下中国东盟经贸形势分析 [J], 探求, 2017 (1).

[15] 马汉青. 丝绸 "一带一路" 覆盖全球超 6 成人口 [EB/OL]. (2014-07-03) [2014-11-15]. http://finance.chinanews.com/cj/2014/07-03/6348379.shtml.

[16] 杜尚泽. 习近平出席亚太经合组织工商领导人峰会开幕式并发表主旨演讲 [EB/OL]. (2014-11-09) [2014-11-15]. http://world.people.com.cn/n/2014/1109/c1002-25999484.html.

[17] 梁江川. 广东华人华侨旅游市场开发 [J]. 五邑大学学报 (社会科学版), 2012, 14 (3): 6.

[18] 周春霞. 21 世纪海上丝绸之路背景下广东-东盟合作平台建设机制研究——兼与广西、海南、云南三省区的比较 [J]. 广东经济, 2016 (11).

[19] 庄伟光, 邹开敏. 21 世纪海上丝绸之路建设背景下粤港澳台旅游合作研究 [J]. 新经济, 2015 (6).

[20] 黄晓慧, 庄伟光. 广东开发 "21 世纪海上丝绸之路" 旅游的构想 [N]. 中国旅游报, 2015-03-18.

[21] 宫斐. 基于 "竞合理论" 的泛北部湾旅游合作模式研究 [J]. 东南亚纵横, 2014 (7).

[22] 彭穗华. 海上丝绸之路与广东海洋旅游 [J]. 新经济, 2014 (6).

[23] 秦学. 特殊区域旅游合作与发展的经验与启示——以粤港澳区域为例 [J]. 经济地理, 2010, 30 (4).

[24] 秦学，李秀斌. 粤港澳旅游合作的障碍及路径选择 [J]. 改革与战略，2010，26（1）.

[25] 秦学，桂拉旦. 中国区域旅游合作的总结与展望 [J]. 经济问题探索，2009（9）.

[26] 秦学. 旅游业跨区域联合发展的理论与实证研究 [M]. 北京：中华工商联合出版社，2004.

[27] 卢文刚，黄小珍，刘沛. 广东省参与"21世纪海上丝绸之路"建设的战略选择 [J]. 经济纵横，2015（2）.

[28] 刘少和. 广东"旅游综合改革示范区"建设的制度创新思考 [N]. 中国旅游报，2009-06-12.

[29] 黄晓慧，庄伟光. 广东开发"21世纪海上丝绸之路"旅游的构想 [N]. 中国旅游报，2015-03-18.

[30] 秦学，桂拉旦，李秀斌. 区域旅游合作的动力机制分析 [J]. 江苏商论，2008（9）.

[31] 秦学，张伟强，桂拉旦. 旅游业区域合作的理论机制与实证研究——粤港澳地区为例 [J]. 全国商情（经济理论研究），2008（4）.

[32] 秦学. 论区域旅游合作模式的变化及其创新发展——以"泛珠三角"和"大珠三角"的对比分析为例 [J]. 云南民族大学学报，2006，23（1）.

[33] 容景春，容康栋. 开发海洋与水产特色资源发展海洋旅游事业 [J]. 中国渔业经济，2002，4：33-40.

[34] 广东省市场经济促进会课题组. 开发海洋旅游市场，促进广东海洋强省建设专题调研报告 [J]. 新经济，2014（28）：75-78.

[35] 彭穗华. 海上丝绸之路与广东海洋旅游 [J]. 新经济，2014，7：26-31.

[36] 庄伟光. 广东发展海洋旅游业的思考 [J]. 中国国情国力，2015，3：57-59.

[37] 黄淑娉. 广东汉族三大民系的文化特征 [J]. 广西大学学报（哲学社会科学版），1998，6：77-78.

[38] 杜若原. 广东旅游扶贫扮靓乡村 [N]. 人民日报，2013-08-04.

[39] 中山大学地理科学与规划学院. 广东省乡村旅游发展规划（2012—2020）（纲要稿）[Z]. 2012.

后　　记

党的十八大以来,我国根据世界经济政治发展形势,提出了"一带一路"倡议,2017年7月,"粤港澳大湾区"又上升为国家发展战略,为"21世纪海上丝绸之路"的发展和研究注入了新的内容和使命。

广东作为历史上的"海上丝绸之路"起点,为中国在世界历史上的经济文化发展和文明传承做出过重大贡献,近代以来,广东再次成为中国对外开放、走向世界的窗口,"21世纪海上丝绸之路"的振兴,广东将再创辉煌。本书是"广州市宣传文化出版基金"和2017年国家出版基金资助项目"21世纪海上丝绸之路与广东发展研究丛书"中的一部,是从旅游发展角度全面梳理21世纪海上丝绸之路的旅游资源和产品、旅游地域空间,进而分析广东的旅游发展战略,在此基础上,系统提出了21世纪海上丝绸之路广东旅游对外合作的领域、内容、模式、动力和机制。全书遵循宏观背景洞察—历史演变探微—区域详情分析—发展战略定位—对外合作展望的逻辑结构。尝试给读者一个关于"21世纪海上丝绸之路"的旅游地域空间结构的全貌,从中探究广东旅游发展的机遇和方向,并期盼和读者一起为广东旅游发展规划一个总体框架,提出一个重要方向——对外旅游合作。

"书山有路勤为径,学海无涯乐悠悠",这是我对自己进入到旅游学术殿堂里20余年经历的新近总结,不再像14年前完成博士论文时的感慨"学海无涯苦作舟"。因为今天我所完成的是一部承前启后、继往开来的作品,充满乐趣。2004年的那部研究粤港澳珠三角旅游合作的处女作,尝尽"苦"头,犹如独上高楼、望断天涯路。但经过10多年的旅程,我已跨越了珠三角的湾区,驶向了更广阔的21世纪"海上丝绸之路",人不再独、楼不再高、路更没望断,反而伸向了大海、远洋直至彼岸的异国。我看到了更加精彩的大地,欣赏到了更加美丽的"海丝",感叹中国发生的巨大变化和他国的不断变化的浪漫。21世纪"海丝"风光无限、引人入胜,我不能因只顾向前而失去了欣赏风景的机会,于是走走停停、看看歇歇,不知不觉过了2年多。今天终于到了目的地——《21世纪海上丝绸之路与广东旅游发展》的付梓地——中山大学出版社。

不知是雅兴、还是惰性,在书稿写作中断断续续,时而奋笔疾书、海阔天空地神游于"海丝";时而得意忘事、驻足于粤港澳湾区的亮丽风采,幸得策划编辑金继伟先生时不时送来的轻声问候和关注,才没有完全忘记艰巨任务。虽然达到了终点,但仍觉有遗憾,有好多的思想尚未和读者充分交流。唯将自己的所闻所思真实呈现在读者面前,才稍感安慰,书中所写皆为作者多年研究、思考之所得,愿与读者分享,也恳请诸位批评指正。

笔者对书中所有参考文献的作者,都一一表示感谢,另外要对中山大学出版社金继伟编辑、周玢编辑为本书的出版所付出的辛勤劳动表示诚挚的谢意!感谢我的妻子、儿子,在家守望、鼓励我的事业前行,人生有此倍感幸福。感谢多年来给予我学术思想交流与启发的同事张伟强、刘少和、桂拉旦,一直勉励我在粤港澳大湾区研究中更上一层楼。学术共同体的浸润激发我倾情在"一带一路"研究中,钟情于"21世纪海上丝绸之路"的遨游,更热恋美丽"海丝"带上面的那颗闪亮明珠——粤港澳大湾区。祝福广东、祝福粤港澳、祝福中国、祝福"海丝"!

秦学
2018年5月19日
于广东财经大学